Grüne Ideologie oder Demokratie

ERNST JANTZEN

1. Auflage, 2023

ISBN: 9798861282284
Verlag: Selbstverlag
Druck und Bindung: Print on demand, siehe letzte Seite

Werte und Freiheit

Freiheit ohne Werte
ist skrupellos
Werte ohne Freiheit
können nur
Ideen
von Unmenschen sein

Nur die Erkenntnis
dass beide zusammengehören
hindert uns daran
humane Werte
die einst nicht
vom Himmel fielen
als selbstverständlich
zu betrachten

Und lässt uns
allein den Sinn
dieser stets unvollkommen
Ordnung begreifen
die von und vor
Menschen
permanent geschützt
werden muss

Ernst Jantzen

Das Grundgesetz der Bundesrepublik Deutschland, von den westlichen Siegermächten initiiert und auch begleitet, wurde vom Parlamentarischen Rat offiziell ausgearbeitet und am 8. Mai 1946 (genau ein Jahr nach der Kapitulation) verabschiedet.

„Die Würde des Menschen ist unantastbar" (Art. 1) bildete in Verbindung mit dem Bekenntnis zu unverletzlichen sowie unveräußerlichen Menschenrechten auf der Grundlage einer in diesem Sinne menschlichen Gemeinschaft das ethische Fundament der 2. Demokratie auf deutschem Boden, die inzwischen ca. fünfmal so lange existiert wie ihre Vorgängerin. Viele kleine und etwas größere Krisen wurden gemeistert, allerdings hatte das möglicherweise beste Grundgesetz der Welt, über das die bundesdeutsche Bevölkerung nie hatte abstimmen dürfen, nicht dazu beitragen können, eine von Regierungsseite aus eingeleitete und forcierte Auseinandersetzung mit der Vergangenheit zu bewirken, sodass eine große Chance verpasst wurde. Ganz im Gegenteil, die Regierung und mit ihr sämtliche Behörden zeigten sich während der Adenauer-Ära sehr bemüht, eine breit angelegte Aufarbeitung der Nazizeit möglichst zu verhindern, was von einer vornehmlich nach vorn schauenden Mehrheit der Bevölkerung leicht und gern übersehen wurde und unter dem Deckmantel des schon bald einsetzenden Wirtschaftswunders lange von Erfolg gekrönt war und zudem noch eine durchaus folgenschwere (nachhaltige) Wirkung erzielte. „Die meisten Deutschen fühlten sich als Opfer des Krieges und wollten nicht an NS-Opfer und damit an die eigene Täterschaft erinnert werden."[1]

Eine maßgeblich an den Rassengesetzen und der Einführung des 'J'-Stempels beteiligte Nazi-Größe wie Globke im Kanzleramt bildete dabei nur eine Spitze des Eisberges! Zahlreiche ehemalige Mitglieder der NSDAP, ja selbst recht hohe SS-Soldaten kehrten nach dem

[1] Wagner (2014): S.163

Kriege in der BRD in Amt und Würden zurück, als ob nichts geschehen sei – in den Verwaltungen, den Unternehmen bis hin zu den Banken, bei der Polizei, den Feuerwehren, den Schulen und Universitäten waren sie wieder maßgeblich vertreten. So musste Adenauer zum Beispiel 1952 in Bezug auf sein Auswärtiges Amt zugeben, dass sich dort in nahezu sämtlichen leitenden Positionen Beamte aufhielten, die schon unter Ribbentrop gedient hatten! Vonseiten dieser Personen bestand natürlich nur wenig Interesse, sich (öffentlich) zurückzuerinnern, zumal auch aus den Parlamenten wenig Vorbildliches zu vernehmen war, denn diese bildeten sich teilweise aus bis zu 50% Abgeordneten, die vor kurzem noch (freiwillig!) Mitglied der NSDAP gewesen waren. Hinzu kam eine heranwachsende junge Generation, die im Hinblick auf ihre Karrieren kaum Fragen stellte; ihre Vertreter waren fleißig, anpassungsfähig und flexibel und unterschieden sich in ihrem Streben nach Wohlstand kaum von den Eltern.

Wie sehr die Vertreter und Amtsträger der zweiten deutschen Demokratie um eine Umsetzung der aus dem Grundgesetz abzuleitenden Ethik (Was war eigentlich mit den Opfern?) im Rückblick auf die furchtbarste Vergangenheit aller Vergangenheiten bemüht waren, zeigt allein die Tatsache, dass über 1000 (tausend!) Richter aus dem 'Dritten Reich' ohne Probleme in den Staatsdienst der Bundesrepublik übernommen wurden! „Die systematische Aushöhlung des Weimarer Rechtsstaat hatten sie mit Fleiß betrieben, den Terror des NS-Regimes in Gesetzesform gefaßt und im Übersoll exekutiert. Vor diesem Hintergrund mußte es 1945 jedem rechtlich Denkenden als unvorstellbar erscheinen, die Ahndung von Kriegs- und NS-Verbrechen in die Hände der deutschen Justiz zu legen"[2], deren karrieristische Ausrichtung und Entwicklung Tucholsky bereits 1927 vorausgesagt hatte: „Dieses verhetzte Kleinbürgertum, das heute auf den Universitäten

[2] Frei (2021), S. 285

randaliert, ist gefühlskälter und erbarmungsloser als selbst die vertrockneten alten Herren, die wir zu bekämpfen haben. (…) wenn diese Jungen einmal ihre Talare anziehen, werden unsre Kinder etwas erleben. Ihr Mangel an Rechtsgefühl ist vollkommen."[3]

Auf der Basis eines dermaßen bemerkenswerten Justizapparates war es dann natürlich keineswegs besonders überraschend, dass es die Bundesregierung wagte, eine Verjährung von Naziverbrechen bis zum 08. Mai 1965 ins Gespräch zu bringen! Eine Entscheidung, die vor dem Hintergrund lauter und massiver Proteste und Warnungen aus westlichen Staaten und Israel schließlich auf Antrag der SPD und 'abtrünniger' CDU-Mitglieder an den Bundestag abgetreten wurde. Nach einer Verlängerung der Frist entschied dann schließlich der BGH im Februar 1969 eine Verjährung der Nazi-Verbrechen.

R. Augstein im Spiegel-Interview: „Ich frage mich nach der Legitimität dieses Staatswesens, das wir hier begründet haben, diese Verbrechen zu bestrafen. Es muß uns doch sehr zu denken geben, daß meines Wissens noch nicht ein Richter, noch nicht ein Staatsanwalt aus der NS-Zeit jemals vor dem Strafrichter gestanden hat. Das Recht ist tausend-, es ist hunderttausendfach gebeugt worden. Trotzdem haben die juristischen Täter nicht vor Gericht gestanden."[4]

Immerhin hob der Bundestag jedoch im Juni 1969 mit einer Zweidrittel-Mehrheit die Verjährung für Völkermord auf, während sich das Parlament im Juli 1979 auch in Bezug auf weitere schwere Straftaten im Namen des NS-Staates gegen eine Verjährung aussprach. Trotz dieser zweifellos positiven Entwicklung aufgrund eines beachtlichen Aufbegehrens des Parlaments über Parteigrenzen hinweg war das doch alles reichlich spät erfolgt, denn „das jahrelange

---

[3] Hepp (2017), S. 94

[4] Frei (2021), S. 205

Tauziehen um die vorzeitige Pensionierung wenigstens der am meisten belasteten Richter; das hinter den Kulissen durchaus unwürdige Feilschen um die Verjährung singulärer Verbrechen; die Unverfrorenheit der Selbstbegünstigung in Gestalt von Freisprüchen für NS-Juristen – das alles war, über Jahrzehnte hinweg, nichts anderes als ein einziger politischer Skandal. Und es bewirkte, zumal in den Augen der einstigen Opfer und vieler junger Menschen, einen Vertrauensverlust, an dem der Rechtssaat Bundesrepublik lange zu tragen hatte."[5] Ein denkbar schlechter Start für den jungen bundesdeutschen Staat, der auf dem Papier schon von Beginn an ein Rechtsstaat war, dessen Regierende es aber mit Wahrheit und Wahrhaftigkeit nicht allzu ernst nahmen!

Immerhin aber hatten die Mütter und Väter des Grundgesetzes aus den Fehlern der Weimarer Verfassung gelernt, indem einem zukünftigen Bundespräsidenten beinah alles von der unsäglichen Macht eines Reichspräsidenten genommen wurde, wobei man ihn dann in seiner reduzierten Rolle als bloßer Repräsentant eines souveränen demokratischen Staates hätte ruhig weiter direkt vom Volk wählen lassen können. Ebenso wichtig war die Einführung eines konstruktiven Misstrauensvotums und auch die 5 Prozent-Klausel hatte im Rückblick auf die vielen 'Kleinstparteien' der 20er Jahre ihre Berechtigung. Schließlich ist auch das Länderparlament ein stabilisierender Faktor einer Demokratie – ein zusätzliches dezentralisierendes Korrelativ, das einen Machtmissbrauch beträchtlich erschwert, wenn nicht sogar beinah unmöglich macht. Aber hätten diese formalen Vorgaben und konstruktiv orientierten Hürden die Weimarer Republik retten können? Das kann niemand wissen, auch wenn es Hitler und seinen Zuarbeitern sicherlich zu dem betreffenden Zeitpunkt damit sehr viel schwerer gemacht worden wäre. Aber das Entscheidende, was unbedingt aus Weimar gelernt werden sollte (wenn man es nicht schon vorher wusste), ist,

---

[5] Frei (2021), S. 287

dass sich der Mensch, zumal unter bestimmten Bedingungen, (allzu) leicht manipulieren lässt. Es genügt nicht, ihn aus Sicht eines Gutmenschentums aus rein populistischen Gesichtspunkten heraus als gut und mündig zu befinden, denn allein aufgrund seines Menschseins ist er es zwangsläufig (noch) nicht! Wenn Tucholsky beispielsweise schreibt: „Kerle wie Mussolini oder der Gefreite Hitler leben nicht so sehr von ihrer eigenen Stärke wie von der Charakterlosigkeit ihrer Gegner", und Ossietzky äußert, nicht der Faschismus würde siegen, sondern die anderen passten sich ihm an[6], so drücken sie damit wohl aus, dass es nicht genügend mündige und aufrechte Demokraten gab, aber vielleicht waren es einfach nur zu viele Ideologinnen und Ideologen auf beiden Polarpositionen gewesen, die sich nur darin einig waren, diese erste deutsche Demokratie zu stürzen, während sie sich sonst gegenseitig den Tod wünschten. Hinzu kamen noch die zahlreichen frustrierten 'ewig' Kaisertreuen, die das Soldatentum nach wie vor glorifizierten und von Revanchegelüsten dominiert wurden.

Alles entscheidend war nun jedoch, dass die NSDAP 1932 aufgrund freier und geheimer Wahlen stärkste Fraktion im Reichstag (230 Sitze) und A. Hitler im Anschluss an absolut verfassungskonformen Koalitionsverhandlungen zum letzten Reichskanzler der Weimarer Republik gewählt wurde!

Seit den siebziger Jahren, als man nun endlich in Westdeutschland (nicht zuletzt unter dem Einfluss der 68er) langsam damit begann, weit und breit sowie nicht zuletzt auch in den Schulen die Naziherrschaft mehr und mehr zusammenhängend zur Sprache zu bringen, bis in das Jahr 2023(!) 'eiern' nicht wenige journalistische Schreiberinnen und Schreiber sowie Reporterinnen und Reporter, ja sogar einige geschichtlich Bewanderte um diese historische Wahrheit herum, indem sie den allein von den Nazis selbst geprägten Begriff

---

[6] Hepp (2017), S. 131

der ‘Machtergreifung‘ bevorzugen, die gelungen sei, weil Hindenburg Hitler zum Reichskanzler berufen hätte!

Sollte es heute (immer noch oder wieder?) öffentliche Fernseh- und Rundfunkanstalten oder auch andere Medien geben, die sich zum Anlass bestimmter Jahrestage grundsätzlich auf diese Version beschränken, so zeigen diese, dass sie nichts gelernt haben und dementsprechend oberflächliche Geschichtsbetrachtungen bevorzugen – nach 75 Jahren wohl gemerkt! Dieser scheinbar kleine, aber in Wahrheit überaus große Unterschied zwischen einer (für den weniger Interessierten möglicherweise recht diffusen) ‘Machtergreifung‘ und der zunächst ordnungsgemäßen Wahl Hitlers zum Reichskanzler müssen wahrgenommen und vermittelt werden, wenn man das Phänomen der Nazizeit im Hinblick auf die Entwicklung eines möglichst kritischen Bewusstseins sowie der Erkenntnis, dass die Demokratie einer permanenten Auseinandersetzung mit den Ursachen einer Entstehung totalitärer und menschenverachtender Strömungen bedarf.

Demgegenüber ist es eine traditionelle Schwäche linker Gruppierungen bis in die Gegenwart hinein, dass sie grundsätzlich dazu neigen, einerseits weltweit mehr und mehr plebiszitäre Prozesse einzufordern und die Mündigkeit jedes Einzelnen zu propagieren, solange davon auszugehen ist, dass dieser auch die ‘richtigen‘ Entscheidungen fällen wird, während man ihn andererseits – falls er sich ‘falsch‘ entscheiden sollte – quasi nachträglich von seiner Mündigkeit entbindet, indem man ihn von der Verantwortung, z.B. einen Despoten gewählt zu haben, dahingehend freispricht, dass er, der bisher doch so mündige Mensch, manipuliert worden sei. Wer sich den Menschen so ‘zurechtschnitzt‘, sollte dann vielleicht doch etwas ehrlicher sein in seinen tatsächlichen Absichten! Wem die Demokratie am Herzen liegt, der weiß um die Wichtigkeit jedes einzelnen aufklärerisch orientierten mündigen Bürgers und er ist in der Lage, diesen von denjenigen zu unterscheiden, die etwas anderes wollen!

Kein Mensch weiß, wie er sich zu Hochzeiten des 'Dritten Reiches' verhalten hätte; vor diesem Hintergrund stellt eine in so mancher Nachrichtensendung zu vernehmende zwar objektiv richtige, aber zusammenhanglose Bemerkung, die deutsche Bevölkerung wäre in der 'Reichskristallnacht' passiv geblieben, jedoch nichts als eine grobe (von Historie befreite) Unverschämtheit dar, wenn man an die mögliche Wirkung dieser Nachricht auf relativ unbedarfte (vor allem junge) Zuschauer/Zuhörer denkt! Aber ein Wähler eines (noch) freien Staates, der 1932 NSDAP gewählt hat, ist mitverantwortlich für das Ende der ersten deutschen Demokratie, denn die Reden von Hitler (er äußerte offen, dass er die Parteien 'hinwegfegen' wolle) und Goebbels in den zwanziger Jahren waren deutlich (genug), um sich nachher nicht herausreden zu können! Dass die Juden Europas (mehr als 11 Millionen) systematisch vergast werden sollten, war zwar erst nach Beginn des Überfalls auf die SU im Sommer beschlossen und damit im Anschluss an die Wannseekonferenz Anfang 1942 planmäßig begonnen worden, aber viele der vorherigen Repressalien waren in etwa absehbar gewesen und die jederzeit skrupellose Gewaltbereitschaft der SA-Horden auf den Straßen war (zumindest in den Städten) über Jahre hinweg zu beobachten, ganz abgesehen davon, dass der Antisemitismus keine Erfindung der Nazis war und man sich ihm schon Jahre vorher hätte widersetzen können.

Im Gegensatz dazu hatten sich die Mütter und Väter des Grundgesetzes der Bundesrepublik ganz offensichtlich eine mehr oder weniger zwangsläufige Entwicklung aufklärerischer Prozesse vorgestellt; eine Gesellschaft, die Freiheit des Einzelnen mit dem Gemeinwohl in Einklang zu bringen versteht, indem u.a. auch marktwirtschaftlich begründete Schieflagen in der Einkommens-

und Vermögensentwicklung vonseiten des Staates sozial-politisch abgefedert werden sollten. Die Antwort auf die Frage, ob und inwieweit das bis zum heutigen Tag wenigstens einigermaßen gelungen sei, hängt wie so häufig von der Erwartungshaltung ab und natürlich auch damit, nach welchen Kriterien Vergleiche herangezogen werden sollen. Bezogen auf moderne, ausschließlich materiell orientierte Indikatoren des sozialen Ausgleichs mag das über weite Strecken mehr oder weniger gelungen sein, vor allem, wenn man die große Verflechtung sowie Abhängigkeit Deutschlands (als 'Exportweltmeister') von der Entwicklung internationaler Märkte in Verbindung mit den Auswirkungen der Globalisierung bedenkt. Alles in allem jedoch, sieht man einmal von leichten gewerkschaftlichen Erfolgen im Hinblick auf eine Vermögensumverteilung in den siebziger Jahren ab, ist es der Politik letztlich längst nicht immer in genügendem Maße gelungen, soweit sie es vor dem Hintergedanken, unternehmerische Investitionsbereitschaft nicht gefährden zu dürfen, überhaupt ernst meinte, der permanent ansteigenden Differenz zwischen Arm und Reich sozialpolitisch angemessen zu begegnen. Allerdings ist den Verantwortlichen auch zugutezuhalten, dass der Anteil des 'Sozialtopfs' am jeweiligen Bundeshaushalt stetig auf ein enormes Maß gestiegen ist und den Vertretern von Gießkannen sei gesagt, dass das ohne permanent steigende Steuereinnahmen nicht möglich gewesen wäre. Das gilt im Übrigen in besonderem Maße für zurzeit von linksgrünen Ideologinnen angekündigte großzügige Ausgleichszahlungen im Rahmen eines geplanten klimapolitischen Umbaus der Gesellschaft, denn es ist mindestens absurd, mit Geldern des Kapitalismus wirtschaften zu wollen, den man abzuschaffen gedenkt!

Unabhängig von den wie auch immer monetär einzuschätzenden Unzulänglichkeiten deutscher Politik in Verbindung zu (spätestens mit der Globalisierung verstärkt einsetzenden) rapide ansteigenden sozialen Ungereimtheiten und auch Härtefällen waren und sind die Volksvertreter in Deutschland vonseiten des Grundgesetzes auch grundsätzlich dazu angehalten, sich vor allem der Probleme von Minderheiten und Randgruppen der Gesellschaft anzunehmen. So ist für Carlo Schmid, einem dieser Väter aus den Reihen der SPD, die Demokratie weit mehr als „Mehrheit gilt“! Und dabei dachte er wohl nicht vornehmlich an finanzielle Zuwendungen für Menschen, von denen man sonst möglicherweise weit entfernt bleibt, sondern gemeint war hier nicht zuletzt auch ein 'Kümmern'! Und dazu gehört in erster Linie ein Hinsehen, dass Demokraten sich der gesellschaftlichen Problemfelder annehmen und Wahrheit und Wahrhaftigkeit verpflichtet fühlen und sich dementsprechend offen auseinandersetzen und nicht als Vertreter von Interessen und Interessengruppen in ihrer Funktion verkommen. Im Gegensatz zum klassischen Vorbild der hellenischen Demokratie, die sich auf den „ungebrochenen Glauben an die Wahrheit gründete“, kennt die moderne, ohne eine (zu) idealistisch ausgerichtete Messlatte anzulegen, beinah nur Standpunkte, die von Interessengruppen und Lobbyisten gesteuert werden.[7]

Die parlamentarische Demokratie ist es allerdings schon aus sich heraus wert, offensiv verteidigt und gefördert zu werden, um das menschliche Niveau in ihrem Sinne zu erhöhen. Wenn die von Wählerinnen und Wählern in die Parlamente Entsandten es nicht als ihre erste Bürgerpflicht betrachten, in nahezu jedem Gespräch, jeder Rede auf die Schutzbedürftigkeit des Wertvollsten, über das wir gemeinsam verfügen (dürfen), nämlich die freiheitliche parlamentarische Demokratie, aufmerksam zu machen, weil ihnen das besonders am Herzen liegt, dann sind sie fehl am Platz und der junge(!) weiße Mann Wolfgang Borchert hätte sie (in Anlehnung an seine Forderung an den "Schriftsteller") zu den „Straßenkehrern“ schicken wollen![8]

---

[7] Vgl. Stier (1945), S. 271

[8] Vgl. Borchert (2001), S. 235

Aber Borchert ist schon lange tot und ein großer Teil von Eliten, die diese Bezeichnung zurecht trugen, weil sie ethisch sowie intellektuell über Niveau verfügten, bedauerlicherweise auch, wobei so viel Straßenkehrer zurzeit gar nicht beschäftigt werden könnten. Die Parteien schicken in zunehmendem Maße Funktionstypen ins Rennen, wie man sie aus Einparteiensystemen kennt, die nicht einmal über Berufspraxis oder gar Menschenkenntnis verfügen (müssen) und denen es daher leichtfällt, über den einzelnen Bürger in Form von immer neuen Regelungen und Verboten zu bestimmen, weil sie diesen gar nicht kennen. Wer nicht ganz genau hinschaut, könnte den Eindruck gewinnen, diese Personen sähen, über Parteigrenzen hinweg, einigermaßen gleich aus, denn wie sämtliche Karrieristen überschreiten sie keinerlei Mittelmaß, das die beste Voraussetzung bietet, um die Struktur der jeweiligen Partei nicht unnötig zu gefährden. Je mehr sich dieser moderne Parteimensch darüber im Klaren ist, dass er von einer Mehrheit der Bürger mit ziemlicher Sicherheit gar nicht gewählt werden würde, aber über die Liste seiner Partei in das entsprechende Parlament einziehen wird, desto weniger fühlt er sich dem Wähler gegenüber verpflichtet, sondern in erster Linie natürlich den Oberen seiner Partei, einer bestimmten Lobby oder am besten beiden. Meistens kommt dann noch erschwerend hinzu, dass diese aufgrund ihrer hohen Anpassungsfähigkeit oder wegen ihres Geschlechts Beförderten schon bald nach Amtsantritt gar nicht mehr wiederzuerkennen sind, da sie ihren Eindruck, sie seien nun etwas, nach außen hin nicht mehr verbergen können. Diese gekorenen (nicht zu verwechseln mit geborenen) Persönlichkeiten bilden zumeist bestenfalls eine diffuse Identität und sind weit entfernt von einer vernünftigen, die nach Habermas „jene eigentümliche Fähigkeit sprach- und handlungsfähiger Subjekte (bedeutet d. Verf.), auch noch in tiefgreifenden Veränderungen der Persönlichkeitsstruktur, mit denen sie auf widersprüchliche Situationen antworten, mit sich identisch zu bleiben“[9].

Nicht nur vor diesem Hintergrund zeigt sich die große Vorausschau und Weisheit der Griechen, die im Rahmen der Ernennung von Amtsträgern auf ein Losverfahren setzten, sodass sich die entsprechenden Würdenträger voll und ganz auf ihre Arbeit konzentrieren konnten und nicht auch noch glauben mussten, sie hätten sich in einem Show-Auswahlverfahren aufgrund irgendwelcher Kompetenzen nach objektiven Gesichtspunkten gegen Mitbewerber durchgesetzt. Auch auf der Grundlage überaus fortschrittlicher Quotenregelungen (bei einer Bewerbung von mindestens zwei Frauen) wäre ein solches Losverfahren unbedingt von Vorteil, denn somit entfiele jegliche Kritik an etwaigen Fehlbesetzungen sowie vor allem die Behauptung, die ausgewählte Kandidatin habe aufgrund einer 'richtigen' Partei-, Gewerkschafts- oder Interessengruppenzugehörigkeit bereits vorher festgestanden.

Nun sind auch die 'alten weißen' Griechen, in deren Kultur der Mensch erstmals zum autonomen Subjekt erhoben worden war, längst verstorben und der moderne Parteienstaat scheint sich endgültig von ihnen und von Denkern überhaupt emanzipieren zu wollen, die einzige 'Emanzipation', die der (von Minderheiten zelebrierte!) Zeitgeist der Moderne anzustreben scheint, ist offensichtlich eine Befreiung von sehr vielem, was den Menschen ausmacht! „Es gibt keine Natur des Menschen, alles ist Projekt und freier Entwurf."[10]

Angenommen, der Mensch hätte noch nie das Recht gehabt, gegen irgendetwas aufzubegehren, dann hat er in diesem Fall sogar die Pflicht, denn es geht um nicht weniger als um ihn selbst! Diese Pflicht müsste jedem Bürger noch besonders einleuchten, wenn er sich vor Augen führt, dass Bürgerproteste während einer Regierungsperiode nun schon vorab als antidemokratisch

---

[9] Habermas (1974), S. 27

[10] Bolz (2023), S. 112

verunglimpft werden, bevor diese überhaupt stattgefunden haben, während man sich von radikalen Minderheiten durchaus erpressen lässt. Diese erobern nicht nur die Straßen, sondern vor allem auch die gesellschaftspolitische Szene und setzen sich zunehmend aggressiv und ohne jegliche Diskussionsbereitschaft oder gar Differenzierung über ein wie auch immer humanistisch ausgerichtetes Menschenbild hinweg. Über eine Transgenderideologie z.B. werden 'Political Correctness' und weitere Gendersprachrichtlinien aufgestellt, wobei man nicht davor zurückschreckt, selbst Titel von Kunstwerken aus der Vergangenheit nachträglich umzubenennen (Verfälschung der Vergangenheit!) oder das zumindest zu fordern, um diese u.a. angeblich von einer Art Neorassismus zu befreien, der sich nur gegen schwarze Menschen richten könne! All das geschieht nicht etwa in einer Diktatur von oben verfügt, sondern auf Druck von bekennenden Feinden der Demokratie in einer freiheitlich-demokratischen Gesellschaft – an den Interessen der Mehrheit der Bevölkerung und der Idee einer demokratischen Ordnung vorbei! „Die politische Korrektheit ist die gigantische Bemühung, das krumme Holz, aus dem der Mensch gemacht ist, gerade zu biegen."[11] Was geht in diesen Menschen nun noch vor, die sich von ihrem Selbst so weit entfernt zu haben scheinen, dass sie jeglichen Gedanken an menschliche Fehlbarkeiten vermissen lassen, was ihnen dabei hilft, Introspektion und Demut aus ihrem Repertoire vollständig zu streichen? Offenbar sind es in Anlehnung an Sokrates „all jene, die über die Sterne Bescheid wissen, nicht aber über sich selbst"[12] und die demzufolge alles erlangen dürfen, aber keine Macht über den Menschen! Jeder, der das nicht erkennt oder aufgrund selbstverschuldeter Zeitgeisthörigkeit nicht erkennen will oder sich sogar von diesen Demokratiefeinden erpressen lässt, ist für die Folgen, die sich daraus ergeben könnten, maßgeblich verantwortlich! Hätte man nicht

---

[11] Vgl. Finkielkraut (2023), S. 86

[12] Giesz (1990), S. 113

annehmen müssen, dass sich weite Teile der sogenannten Eliten unseres Staates argumentativ dagegengestellt oder die Anmaßungen dieser Gesinnungsideologen im Sinne einer gelebten Demokratie (und nur darum geht es!) wenigstens offensiv ignoriert hätten? Oder sollte Sarrazin recht behalten, wenn er behauptet, dass sich eine Minderheit, die eine „Sache unablässig und mit Energie betreibt", sich mit der Zeit gegenüber einer eher passiven Mehrheit durchsetzen werde?[13]

Selbstverständlich kann man/frau in einem Staat der Meinungsfreiheit beispielsweise die Auffassung vertreten, es gäbe mehrere oder gar unzählige Geschlechter, die sich permanent verändern (können), und biologische Gesichtspunkte seien vollkommen falsch, aber diese (alles Menschliche überschreitende!) Sicherheit, mit der diese Damen und Herren ihr 'Wissen' vortragen und auf deren Grundlage sie sich anmaßen, Hörsäle zu besetzen und Professoren/Dozenten zu bedrohen, die auf der Grundlage von Forschung zu anderen Erkenntnissen gelangt sind, müsste einen Demokraten doch spätestens aufhorchen lassen! „An Unis (…) bestimmen immer öfter Krawallstudenten, was gelehrt und wer eingeladen werden soll"[14] Diesen Ideologinnen und Ideologen ist Akzeptanz zu wenig; sie tolerieren keine abweichende Meinung und das bessere Argument sowieso nicht. Sie sind weit entfernt von demokratischen Spielregeln und ihnen ist „eines gemein: auf der Grundlage von theoretisch-moralischen Setzungen Begriffe, Sätze und Theorien diskreditieren zu dürfen, wenn sie von im weitesten Sinn identitätspolitischen Axiomen abweichen."[15] Man stelle sich einmal vor, die Demokratie wäre eine natürliche Person… Würde sie sich wohl gegen solche skandalösen Missstände zur Wehr setzen? Würde sie von Politikern, die in ihrem Namen vom Volk frei und

---

[13] Vgl. Sarrazin (2022), S. 244

[14] Scholdt (2022), S. 5

[15] Precht & Welzer (2022), S. 237

geheim in ein Parlament gewählt worden sind, erwarten, sich für sie einzusetzen? Würde sie von Unternehmen, Freischaffenden, Künstlern, Prominenten u.a., die sich in ihr frei bewegen und jederzeit ihre Meinung sagen können, erwarten, dass Partei für sie ergriffen würde? Wäre sie in der Lage, Demokraten von denen zu unterscheiden, die davon reden, aber tatsächlich etwas anderes meinen? Und was würde sie wohl von der Macht erwarten, der nach Legislative, Judikative und Exekutive (informell) die vierte Position eingeräumt wird und der sie nicht von ungefähr ein hohes Maß an Freiheit und Unabhängigkeit zugestanden hat? Hätte sie auch eine breite öffentliche Debatte angestrengt in der Gewissheit, dass eine Demokratie umso stabiler ist, je mehr Diskursfreude bei den Bürgern und Parteien zu beobachten ist und je mehr Standpunkte zum Ausdruck kommen (dürfen)?

Genau das sollte nicht geschehen! Offensichtlich waren sich weite Teile beinah aller in der Öffentlichkeit Stehenden einig darüber, dass die genderbasierten Sprachrichtlinien am Volk vorbei weitgehend übernommen werden sollten und keinesfalls über die zugrundeliegenden Ideologien zu diskutieren sei. Die große Mehrheit von Presse Funk und Fernsehen machte in einer Art vorauseilendem Gehorsam, der in seiner Zielstrebigkeit an einen Wettkampf erinnern konnte, den flächendeckenden Anfang, dem sich dann Politiker, Unternehmen, Kirchen usw. stolz anschlossen, alle anderen wurden vor vollendete Tatsachen gestellt und darüber aufgeklärt, dass die deutsche Sprache als Kulturgut nicht dem Volk gehört und in Zukunft auch nicht aus ihm hervorgehen soll. „In der Mediendemokratie werden die Menschen durch eine Sprache versklavt, die als die unwiderrufliche der Mehrheit auftritt, in Wahrheit aber von gut organisierten Minderheiten lanciert wird.“[16] Themen, die für den stets nach vorn Blickenden vielleicht nicht so wichtig sind und auch die pragmatisch-funktionierenden Politiker

---

[16] Bolz (2023), S. 28

taten wohl gut daran, sich diesem 'fortschrittlichen' Sprachgebrauch weitgehend anzuschließen, zumal man sich ja innerhalb der drei Regierungsparteien zumindest darüber einig war, dass auf die mehrheitliche Meinung der Bevölkerung außerhalb der Wahlperioden keine besondere Rücksicht genommen werden muss. Man biedert sich bei gewaltbereiten, menschen- und demokratiefeindlichen Minderheiten an und pfeift sozusagen auf die große Mehrheit, die erst zu den nächsten Wahlen das Interesse der Politik dann wieder für kurze Zeit weckt.

Aufgrund ihrer langen sowie umfassenden Erfahrung mit der Macht und ihrem Missbrauch, der ja bis in das vorchristliche Griechenland hineinreicht, hätte die Demokratie von der großen Mehrheit der Politiker wahrscheinlich nichts anderes erwartet und von vielen Wählerinnen und Wählern vermutlich in dem Wissen auch nicht, dass diese vorwiegend damit beschäftigt sind, ihr täglich Brot zu erarbeiten und sich nicht auch noch um 'Belanglosigkeiten' kümmern wollen, denn 'die da oben machen ja sowieso, was sie wollen'! Aber dass zahlreiche Enttäuschte daraufhin unvernünftig sind und in zunehmendem Maße nicht einmal mehr zur Wahl gehen, das würde die Demokratie als natürliche Person natürlich mit Entschiedenheit verurteilen! Dabei würde sie nicht einmal den Einwand eines ihrer engsten Vertrauten (Immanuel Kant), wie schwer es für den einzelnen Menschen sei, sich aus der ihm beinahe zur Natur gewordenen Unmündigkeit herauszuarbeiten, als Entschuldigung gelten lassen, obwohl sie wüsste, dass für eine sich verbreitende Politikverdrossenheit auch andere verantwortlich sind, sodass sie in ihrer Kritik wohl nicht ganz so weit gehen würde wie G. Leibholz, der die politisch Passiven, die nicht einmal zur Wahl gehen, ohne Weiteres gleich den Unmündigen zuordnet.[17] Viele Wählerinnen und Wähler wissen mittlerweile kaum noch, welche Partei sie wählen sollen, da diese, entgegen der Wahlversprechen,

---

[17] Vgl. Tomberg (1973), S. 119

eine nur noch geringfügig unterscheidbare Politik betreiben. Lange Zeit hieß es (zurecht), eine 'große Koalition' lähme demokratische Aktivitäten der Bürger und dürfe nur eine Notlösung sein, wobei diese beiden Parteien ja inzwischen (nicht von ungefähr) längst an Größe verloren haben. Aber wie verhält es sich nun mit einer Koalition zwischen Grünen und der FDP? Ob diese Konstellation der Demokratie wohl ein besonderer Dorn im Auge wäre, wenn sie sich in die Lage eines einfachen Wählers versetzt, was sie übrigens immer tut? Zudem ist es an Arroganz und Bürgerferne kaum noch zu überbieten, wenn Parteien in zunehmendem Maße Politiker in den Wahlkampf entsenden, die z.B. für jemanden wie einen Stammwähler, (auch) im Hinblick auf die Persönlichkeitsbildung des jeweiligen Kandidaten, gar nicht wählbar sind! Die Motivation der Wählerinnen und Wähler wird weiter abnehmen, solange sich die politischen Parteien nicht endlich (wieder) darauf besinnen, (zumindest auch) Politiker vorzuschlagen, die ganz offensichtlich über Authentizität und Bürgernähe verfügen und von denen man zumindest ein gewisses Maß an Kompetenz und Verantwortungsbewusstsein gegenüber ihren Wählerinnen und Wählern erwarten kann. Unabhängig davon, dass ein 'Parteisoldat' und/oder ein Anhänger von Fraktionszwängen dem widersprechen wird, so würde sich die Demokratie von Herzen darüber freuen. Und schimpfen würde sie darüber, dass der große Anteil an Nichtwählern, abgesehen vom Wahlabend sowie in den Nachrichten an Presse, Funk und Fernsehen tags darauf, so gut wie keine Beachtung (mehr) findet; man geht zur Tagesordnung über – eine Lieblingsbeschäftigung moderner Politik! Haben Zeitgeister in Politik sowie Presse Funk und Fernsehen vielleicht gar kein Interesse daran, bisherige Nichtwähler beim nächsten Mal an die Wahlurne zu bringen, weil diese aller Voraussicht nach 'falsch' wählen könnten? In diesem Zusammenhang scheint sich die offenbar recht weitsichtig ausgerichtete Demokratiefürsorge links-grüner Ideologinnen besonders darin zu zeigen, dass sie vorgeben, die Wahlbeteiligung erhöhen zu wollen, indem sie das Wahlrechtalter auf sechszehn herabzusetzen gedenken, ganz im Sinne aller bekannten Ideologien, die sich grundsätzlich vornehmlich den Jugendlichen/Kindern zuwenden, um diese Altersgruppe in ihrem Sinne zu formen.

Wäre das so einseitig möglich, wenn da nicht noch eine 'vierte Macht' ihre Fäden spinnen würde? Welche Rolle spielt sie in der politischen Landschaft der Bundesrepublik nach zwanzig Jahren des einundzwanzigsten Jahrhunderts? Werden die Medien dem gerecht, was eine parlamentarische Demokratie zur Stabilisierung und im schlimmsten Fall zum Überleben so dringend benötigt, oder verfolgen sie mehrheitlich ganz andere Interessen? Schon bald nach Beendigung des Zweiten Weltkriegs (bereits im Herbst 1945) entwickelte in den amerikanischen Zonen der Militärgouverneur und spätere US-Präsident Eisenhower großen Ehrgeiz, zukünftige Zeitungen und Presseleute, zunächst am Beispiel der von den Amerikanern herausgegebenen 'Neue Zeitung', hinsichtlich ihrer neuen verantwortungsvollen Rollen in einer Demokratie vorzubereiten. Neben einer objektiven Berichterstattung sowie bedingungsloser Wahrheitsliebe erwartete man eine klare Trennung zwischen Nachricht und Kommentar sowie ein Eingehen auf die Kommunikationsbedürfnisse der Bürger. Bezogen auf Letzteres erwies sich die Realität dann jedoch schon bald problembehaftet, denn die Werte der Demokratie in Verbindung mit kritischen Reflexionen waren weniger gefragt als vom Zeitgeist verlangte zugängliche, unpolitische Lektüre. Und im Anschluss an überstandene Entnazifizierungsprozesse kehrten schließlich mit der Gründung der Bundesrepublik Deutschland die meisten Journalisten, die in unteren bis mittleren Etagen bereits für die Goebbels-Zeitungen geschrieben hatten, in ihre Berufe zurück, das galt nicht zuletzt auch für das Bundespresseamt.[18]

---

[18] Vgl. Frei (2012), S. 221 ff.

Auch wenn einerseits vermutlich nur diejenigen von einer solchen journalistischen Entwicklung in den fünfziger Jahren überrascht sein können, die dazu neigen, diese Berufsgruppe, aus welchen Gründen auch immer, grundsätzlich in gewisser Weise zu idealisieren oder überzubewerten, so ist andererseits im Namen einer Demokratie in jedem Fall zu fordern, dass sie den Erhalt dieser Staatsform permanent im Auge hat, die ihr diese autonome Position überhaupt erst einräumt! Ohne sich hier unnötig in Details zu verlieren oder gar den unbedingt notwenigen großen Spielraum von Journalisten infrage stellen zu wollen, ist die Negativauswahl unmissverständlich und eindeutig: Medien dürfen keine Politik machen (wollen)!

Allein schon aufgrund der Schlagzeilen warnt Enzensberger: „Vielen von ihnen ist ein rhetorischer, emotional gefärbter Unterton eigen, der sich anhört, als hätten sie nicht Mitteilung, sondern Überredung im Sinn.“[19] „Immer mehr Journalisten missverstehen sich nämlich als politische Aktivisten und willige Helfer der Regierungspropaganda“[20], wobei das zurzeit wohl eher damit zusammenhängt, dass bestimmte Parteien die Regierung bilden. Vor diesem Hintergrund wäre es vielleicht doch einigermaßen interessant, zu hinterfragen, inwieweit einzelne Journalisten auf dem Boden der 2. deutschen Demokratie sich noch abheben von den Vorgaben der SED für die Presse nach dem Beschluss des Politbüros vom 29. April 1959, in dem es u.a. heißt: „Die dilettantische Methode, jeder Nachricht einen Kommentar anzuhängen, statt mit der Nachricht zu kommentieren und zu überzeugen, ist endgültig abzuschaffen.“[21]

Im Gegensatz dazu sollten in einer demokratisch strukturierten Gesellschaft möglichst alle Perspektiven werturteilsfrei dargestellt werden, denn der Bürger, der durch die Wahl eine politische

---

[19] Ulshöfer (1972), S. 85

[20] Bolz (2023), S. 24

[21] Ulshöfer (1972), S. 104

Entscheidung treffen soll, muss sich frei informieren können, und das setzt voraus, dass Informationen frei verbreitet werden und nicht, wie von J. Thadeusz (am 05.02. in der Berliner Morgenpost) eingeräumt: „Wir unterrichten die Menschen erstmal über die eigene Meinung, und dann hängen wir noch ein bisschen dran“! Wie soll der Bürger Verantwortung übernehmen (können) und wie ernst kann er sich genommen fühlen, wenn er im Rahmen seiner täglichen Begegnungen eine breite Pluralität der Meinungen (zumindest) erahnt, die ihm jedoch von den Medien vorenthalten wird? Wer vor diesem Hintergrund dann auch noch oberlehrerhaft einen angeblichen ‘demokratischen Konsens‘ ins Spiel bringt, um ungeliebte Diskussionen gar nicht erst aufkommen zu lassen, ist ein Feind der Aufklärung und betreibt nichts als subtile Propaganda!

In diesem Zusammenhang können alle bekennenden Demokraten der parlamentarischen Demokratie der Bundesrepublik zwei namhaften Bürgern (andere hätten vermutlich kein Gehör gefunden) ausgesprochen dankbar sein, die sich der Rolle der modernen Medien in diesem Staat auf hervorragende Weise überaus sachlich angenommen haben. Und ein jeder kann sich bestimmt vorstellen, wie stolz die natürliche Person ‘Demokratie‘ auf die Herren Precht und Welzer sein würde, weil sie offen und konstruktiv für sie Partei ergriffen haben, was zurzeit leider zu selten oder zu leise geschieht. Die weitgehend nur peinlichen und destruktiven Reaktionen einiger Medienvertreter zeigten nur, wie notwendig und berechtigt DIE VIERTE GEWALT war und wie weit ein Großteil unserer Journalistinnen/Journalisten von der Aufklärung entfernt ist sowie vom Verantwortungsbewusstsein gegenüber Bürgern und der Demokratie an sich. „Wenn die klassischen Massenmedien tatsächlich etwas zur Orientierung der Bürger beitragen wollen, dann sollten sie ihre Nachrichten und Berichte von regierungsnahen Meinungen und von volkspädagogischen Intentionen befreien.“[22]

---

[22] Bolz (2023), S. 23

Das genaue Gegenteil findet nun darin seine Bestätigung, dass der 'fortschrittliche' Journalismus ganz offensichtlich kein Problem darin sieht, wenn nur noch in etwa die Hälfte der Bevölkerung Vertrauen in die Presse hat und nur noch ca. ein Drittel gegenüber dem (zumeist öffentlich rechtlichen) Fernsehen! „Die Auswanderung aus den amtierenden Massenmedien nimmt zu, und die angeführten Zahlen einer schwindenden Zustimmung zu deren Berichterstattung werden erklärlich."[23]

Dabei scheint es für die Mitarbeiterinnen und Mitarbeiter der öffentlich-rechtlichen Anstalten überhaupt keine Rolle zu spielen, dass sie zum einen aufgrund staatlich gesicherter Zwangseinnahmen weitgehend abgesichert sind, während zum anderen der größte Teil der Pflichtzahler die entsprechenden medialen Angebote gar nicht in Anspruch nimmt. Welch´ ein grandioser Journalismus! Und welches Verantwortungs-bewusstsein liegt hier vor? Wäre es hilfreich, wenn in den Radaktionen der Medienvertreter regelmäßig immer einmal wieder ein gewisser Eisenhower vorbeischauen würde? Oder geht es inzwischen um eine ganz andere Mission?

Wenn beispielsweise über Russland, China, den Iran (u.a.) immer wieder gern berichtet wird, wie sehr dort die Bürger Angst haben (müssen), sich zu gewissen Themen öffentlich und frei zu äußern, so überrascht das niemanden, aber wenn in einem demokratischen Staat wie der Bundesrepublik lt. Allensbach ca. die Hälfte der Bürger der Auffassung ist, man könne vieles in diesem freien Land nicht mehr aussprechen, so müssten die Alarmglocken der freien Medien unseres Staates beinah tagtäglich überaus laut und für alle hörbar erklingen! „Auf viele offensichtliche Missstände kann man in unserer Debattenkultur nur noch unter persönlichen Risiken hinweisen. Statt zu argumentieren, wird moralisiert, stigmatisiert, verunglimpft

---

[23] Precht & Welzer (2022), S. 247

und zurechtgebogen, wie es gerade passt."[24] Was hätten die Mütter und Väter des Grundgesetzes wohl dazu gesagt? Ein großes Problem der Gesellschaft, das eigentlich alle angeht! Und wer sollte das besser in die Wege leiten können, wenn nicht ein verantwortungsbewusster Journalismus? Oder könnte es sein, dass weite Teile der Bevölkerung als Diskurspartner gar nicht mehr vorgesehen sind, zumindest dann nicht, wenn sie von einem mysteriösen Mainstream abweichen?

Über „Wir schaffen das" konnte noch über Jahre von allen Seiten gestritten werden, gleichwohl der Einzelne vor Ort in ein entsprechendes Meinungsbild natürlich nicht mit eingezogen wurde, aber man diskutierte noch grundsätzlich über die weitere Aufnahme von Flüchtlingen öffentlich und auch über eine mögliche zahlenmäßige Begrenzung – immerhin. Wenn nun jedoch der gegenwärtig amtierende Kanzler sich zu dieser Thematik (Einwanderungsmodalitäten und entsprechende Zahlen betreffend) monatelang gar nicht äußert, sondern bestenfalls noch über damit verbundene Kostenverteilungen, so kann wohl angenommen werden, dass darüber, soweit möglich, öffentlich gar nicht diskutiert werden soll! Selbst dann nicht, als 82% der Bundesbürger der Regierung bescheinigten, wenig bis nichts im Hinblick auf eine Ausbürgerung von Zuwanderern zu tun, deren Asylantrag abgelehnt wurde und/oder die (z.T. mehrfach) straffällig geworden waren, und 35% (fünfunddreißig) es keiner im Bundestag vertretenen Partei zutrauten, eine 'vernünftige' Einwanderungspolitik zu betreiben! Eine große Chance für die Medien, demokratische Prozesse einzuleiten, die von der Regierung offenbar gebremst wurden, denn für einen humanistisch orientierten Demokraten geht es bei der Zuwanderung weder um Ausländerfeindlichkeit / -freundlichkeit noch um irgendeinen Neorassismus, sondern einzig und allein um die Frage, ob die BRD (auch im Sinne der Zuwanderer!) innerhalb der nächsten sieben Jahre z.B. noch einmal weitere ca. sechs

---

[24] Hahne (2022), Umschlagtext

Millionen Einwanderer aufnehmen kann, zumal von Ideologinnen und Ideologen der grünen Partei gleichzeitig noch ein Abrüsten der steuerzahlenden Wirtschaft angestrebt wird. Sollte sich ein Mensch in einer freien Gesellschaft bewusst gegen Vernunft und Analysefähigkeit stellen und als Aktivist einer Sekte beitreten, so ist das seine Sache, solange er damit andere nicht gefährdet. Aber wenn sich in Bezug auf die Einwanderungspolitik eine Regierung vorrangig an den ideologisch dominierten Moralvorstellungen einer Partei orientiert und diese gegen die Mehrheit des Volkes zum Maß aller Dinge macht, dann ist das keineswegs allein ihre Sache! Daran ändert auch die Tatsache nichts, dass Minister dieses Koalitionspartners gar kein Volk kennen! Wenn die gegenwärtig Regierenden in ihren Analysefähigkeiten aufgrund moralisch bedingter Zwänge eingeengt sind, so müsste es doch möglich sein, dass wenigstens Teile der Presse und nicht zuletzt auch die öffentlich-rechtlichen Medien in die Bresche springen. (?)

Und der SPD-Kanzler? Manch einer hatte es nicht (mehr) für möglich gehalten, aber es erinnerte dann doch für einige Tage an einen Regierungschef, der sich ganz im Sinne der Bundesrepublik nicht nur von dem Alleinvertretungsanspruch einer Regierungspartei löste und so auch den Interessen der FDP und vor allem auch seiner Partei entsprach, sondern dem es auf dieser Grundlage sogar gelang, maßgeblich zu einer (zumindest erwähnenswerten) Einigung zwischen den EU-Staaten in Sachen Flüchtlingspolitik beizutragen. Während ein Großteil der Medienvertreter in Deutschland jahrelang immer wieder einigermaßen heuchlerisch bedauerte, dass es keine einheitliche europäische Einigung gäbe, wurde gern und zielführend verschwiegen, dass sich Deutschland im Rahmen seiner wenig strukturierten Einwanderungspolitik längst isoliert hatte und nur noch mit wenigen EU-Partnern auf Augenhöhe verhandeln konnte. Dass das nun endlich wieder möglich wurde, ist zweifellos ein besonderes Verdienst des Bundeskanzlers Scholz! Dass im Gegensatz dazu vor allem diejenigen Politikerinnen/Politiker und

Journalistinnen/Journalisten, welche gern und häufig von Europa sprechen, keinerlei Verständnis für ganz andere Einwanderungsperspektiven in zahlreichen Partnerstaaten aufbringen und stattdessen meinen, für diese moralisch mitentscheiden zu können, geht an jeglichem europäischen Gedankengut vorbei!

Nicht nur in Bezug auf diese Thematik wenden sich Precht/Welzer vor allem gegen jegliche Polarisierung, denn selbstverständlich könne man eine Willkommenskultur grundsätzlich gutheißen, sich aber trotzdem Sorgen um das Gelingen einer Integration machen. Ähnliches fordern sie hinsichtlich eines besseren Schutzes von Frauen sowie einer Forderung nach Gleichbehandlung, deren Ziele eine Skepsis gegenüber der MeToo-Bewegung bzw. das Gendern in der Sprache nicht notwendigerweise ausschließe.[25]

Darüber hinaus müsste es möglich sein, zum Beispiel für die Lieferung schwerer Waffen in die Ukraine zu plädieren, während man jedoch parallel dazu eine diplomatische Friedensoffensive des Westens fordere. Zwischen den Polarpositionen Schwarz und Weiß gibt es, wenn man Meinungen ernst und zur Kenntnis nimmt, zahlreiche graue Schattierungen, deren Berücksichtigung Precht und Welzer mehr als berechtigt von den Medien einfordern.[26] Jedoch haben die beiden Autoren die riesige Grauzone im Rahmen der Auseinandersetzung um die Klimapolitik erstaunlicherweise übersehen. Ein noch so engagierter und überzeugter Klimaschützer bleibt dieses trotzdem, auch wenn er sich aus humanitären und demokratischen Gesichtspunkten von jeglicher ideologisch geprägten links-grünen Radikalität mit Entschiedenheit distanziert, während auf der anderen Seite eine beinah berufsmäßige regelmäßige Teilnahme an gewalttätigen oder mindestens den demokratischen Staat provozierenden Aktivitäten nur wenig darüber

---

[25] Precht & Welzer (2022), S. 205 ff.

[26] Ebd., S. 205

aussagt, inwieweit es sich hier um verantwortungsbewusste Menschen handelt, die nicht nur die Welt, sondern auch den Menschen retten wollen! Ähnliches gilt für ideologisch geprägte Minister und selbsternannte Wirtschafts- sowie Klimaexpertinnen, die in einem Zuge von Gleichheit, Feminismus, Demokratie und Bürgerräten sprechen, den Kapitalismus abschaffen wollen, aber hauptsächlich die parlamentarische Demokratie meinen! „Wer eine Staatsform will, in der die Gewalt nicht vom Volk ausgeht und nicht nach bestimmten politischen Regeln an frei gewählte Repräsentanten delegiert wird und wer dennoch das Wort 'Demokratie' verwendet, der lügt"![27] Interessant ist in diesem Zusammenhang auch, dass Vertreterinnen und Vertreter von beschriebenen außerparlamentarischen Straßen- und Gebäudetruppen gern in Talkshows und sogar vom Bundesverkehrsminister eingeladen werden, ohne dass diese einer unzweideutigen Kritik an ihrer (grundsätzlich) antidemokratischen Haltung ausgesetzt würden, zumal sie keinen Deut davon abrücken, den Rechtsstaat erpressen zu wollen, der von der großen Mehrheit der Bevölkerung nach wie vor gewollt ist! Denn nur diese Mehrheit verkörpert den großen (eher gräulichen) Bereich zwischen den 'Fronten' und je weniger man diesem Beachtung schenkt, desto weiter bewegt man sich weg von demokratischen Spielregeln! Dass Politiker (zumindest in Phasen) aufgrund von ideologisch bedingter Entfremdung und Selbstüberschätzung die zumeist (noch) unauffällige Mehrheit und damit auch die Demokratie insgesamt vergessen (können), ist wohl nichts Neues! Aber wie vergesslich ist nun die 'vierte Gewalt'?

Man stelle sich einmal Medien vor, die über Jahre hinweg Teilnehmer von noch so fragwürdigen außerparlamentarischen Aktivitäten bis hin zur 'Besetzung' und Beschädigung fremden Eigentums durchweg als 'Umweltschützer' bezeichnen und somit

[27] Vgl. Weinrich (1966), S. 34 ff.

den Rest der Bevölkerung davon dann natürlich ausnehmen – ob da wohl Politik gemacht und Polarisierung betrieben wird, anstatt eine breit angelegte Debatte anzustoßen, bei der auf der Grundlage aller erdenklichen Meinungen offen und argumentativ gestritten werden kann und nicht (mehr) der Eindruck entsteht, Diskursrunden, wie in den modernen Talkshows üblich, seien nur für gewisse (gezielt ausgesuchte) Minderheiten geeignet, die sich über Grundsätzliches schon vorher geeinigt zu haben scheinen, wovon selbstverständlich auch das Auswahlverfahren der jeweiligen Teilnehmer nicht unberührt bleibt? Dabei sollte eigentlich möglichst immer das Primat des besseren Arguments gelten in der Gewissheit, dass man das in Diktaturen gar nicht kennt! Von totalitären Staaten weiß man, dass eine Zensur der Medien gang und gäbe ist, weil man vor allem jegliche Debatte fürchtet. Demgegenüber ist es in einer freien Medienlandschaft auch keineswegs die Aufgabe von Medienvertretern, vorliegende Informationen und Themengebiete zunächst zu zensieren, bevor man sie für den Leser, den Hörer oder den Fernsehzuschauer freigibt! Dazu die Bestseller-Autorin *Donna Leon* am 19.05. in der NOZ: „Wir leben jetzt in einer Welt, in der man nichts schreiben darf, was Leser kränkt, überrascht, verletzt, verstört oder in irgendeiner anderen Weise Empfindlichkeiten berührt. Das gefällt mir ganz und gar nicht. Das nennt man Zensur"!

Die parlamentarische Demokratie hat keine noch so breit angelegte Diskussion zu fürchten! Und die Medien? Man kann nur hoffen, dass einige ihre 'Zensur' nicht auch noch damit begründen (würden), sie engagierten sich für das Gute in der Welt, was einem Qualitätsjournalismus sowie einer vernunftorientierten Streitkultur grundsätzlich entgegensteht. Denn nur darum sollte es zunächst einmal (wieder) gehen, um die Fähigkeit und Bereitschaft, sich fair zu streiten, ohne irgendeine Deutungshoheit für sich zu beanspruchen – um nicht mehr, aber auch nicht weniger! Nicht nur in Anlehnung an Helmut Schmidt muss allen Bürgern Gelegenheit gegeben werden, sich über politische Themen zu streiten:

„Demokratie, in der nicht gestritten wird, ist keine"! „Doch hat sich in zentralen zukunftsbestimmenden Fragen inzwischen im Lande eine Kluft aufgetan, die nach ausgiebiger Debatte ruft und in allen früheren Wahlperioden auf breiter Front diskutiert worden wäre".[28] Diese „zukunftsbestimmenden Fragen" ergeben sich nicht zuletzt auch aus dem Gebäudeenergiegesetz. Nach Meinung eines Spiegel-Redakteurs (Spiegel v. 17.03.2023) sollten Bürger eines parlamentarisch-demokratischen Staates sich allerdings ganz offensichtlich nicht kritisch gegenüber diesem im Schnellverfahren verabschiedeten Gesetz äußern, indem er an den gesunden Menschenverstand appelliert, womit er vermutlich seinen meint. So ergreift ein Schreiber einer Zeitschrift, die wie keine andere über Jahrzehnte hinweg den jeweils Regierenden im Sinne einer stets demokratisch geleiteten Streitkultur akkurat auf die Finger schaute, nun Partei für die Regierenden und gegen Demonstranten, die sich in München nur mit Worten gegen dieses Gesetz wandten. Es geziemt sich eigentlich nicht, darüber laut nachzudenken, inwieweit Herr Markus Feldenkirchen die „Kreativität von Spatzenhirnen" überschreitet oder „intellektuellen Mumpitz" verbreitet, aber es sind seine Worte und es muss sich hier wohl um einen besonders 'fortschrittlichen' Journalismus des Mittelmaßes handeln, wenn er dem Redner der jederzeit friedlichen Demonstration (ohne vermummte Staatsfeinde übrigens!) und Mitglied einer demokratisch legitimierten Landesregierung „Putschlaune" vorwirft! Man kann, ja muss der AFD vieles vorwerfen, aber zur Destabilisierung des demokratischen Systems (vgl. auch hierzu M.F.) tragen in erster Linie diejenigen bei, die mit außerparlamentarischen (größtenteils widerrechtlichen) Provokationen angeblicher 'Klimaschützer' (zumindest klammheimlich) sympathisieren, und nicht zuletzt diejenigen, welche ihre Aufgabe als Opposition/Medienvertreter vollkommen vernachlässigen, indem sie sich nicht selten mit der Regierung arrangieren bzw. mindestens die ideologisch gesteuerte

[28] Scholdt (2022), S. 57

Regierungspartei grundsätzlich favorisieren und den Eindruck vermitteln (wollen), es gebe zu zahlreichen Themengebieten nur eine Meinung! Ohne jeden Zweifel hat es seit Bestehen der Bundesrepublik Deutschland noch nie eine Regierung gegeben, die innerhalb kürzester Zeit auch nur annähernd so viel Vertrauen gegenüber den Bürgern verspielt hat wie die des Kanzlers Olaf Scholz. Und wie sieht es nun aus mit der Reaktion weiter Teile des 'fortschrittlichen" Gesinnungsjournalismus? Die Ursachen werden nicht bei den Regierenden gesucht, sondern bei den Bürgern! Nicht die eigentlichen Volksvertreter in der Regierung sollen ihre Politik (zumindest) überdenken, sondern das Volk soll sich ganz offensichtlich willfährig fügen! Das ist der wirkliche Skandal! „Wäre es da Nicht doch einfacher, die Regierung Löste das Volk auf und Wählte ein anderes?" (Brecht nach dem 17. Juni 1953 in „Die Lösung")[29]

Wenn zudem ein überaus erfahrener Politiker wie Klaus Dohnanyi, der mit großer Überzeugung ein langes Leben lang dem demokratischen Staat gedient hat, betont, „ dass Parteien offene Debatten über grundsätzliche Richtungsfragen kaum noch führen, dabei wäre das doch gerade in Zeiten so tiefen Wandels eigentlich ihre wichtigste Aufgabe", so weiß er bestimmt, wovon er spricht.[30] Wie sehr in Deutschland die Streitkultur mehr und mehr an Niveau verliert und teilweise gänzlich auf der Strecke bleibt, zeigt die Entwicklung dieser für eine Demokratie unverzichtbaren Kultur vor allem in einer Partei, der man eigentlich am ehesten zutrauen müsste, sich demokratischen Spielregeln auch dann zu unterwerfen, wenn sie von der Thematik her innerparteilich als unangenehm empfunden werden und angestrebte Koalitionsvereinbarungen möglicherweise infrage stellen (könnten) – nämlich der SPD.

---

[29] B. Brecht (1964), S. 9

[30] Vgl. Sarrazin (2022), S. 72

Stattdessen macht sich das einstige Aushängeschild und Symbol für Demokratie und Völkerverständigung in Deutschland mit Persönlichkeiten wie Lassalle, Bebel, Scheidemann, Breitscheid, Schumacher, Reuter sowie den Bundeskanzlern Brandt und Schmidt mehr und mehr zum Handlanger seiner Koalitionäre, vor allem der Grünen! Über wie viel Macht verfügt die stärkste Partei innerhalb der Regierung Baerbock-Habeck tatsächlich? Und welcher Eindruck entsteht diesbezüglich für den Bürger, der möglicherweise die unsägliche Rolle des überwiegenden Teils der Medien übersieht, die den SPD-Kanzler eifrig vor sich her und zunehmend in die grüne Richtung treiben (wollen)? Oder unterliegt man hier dem 'berühmten' Irrtum, zu glauben, man schiebe, während man stets geschoben wird?

Wenn zum Beispiel beinah die Hälfte der SPD-Wähler gegenüber den Waffenlieferungen an die Ukraine sehr skeptisch bis hin zu ablehnend eingestellt ist/war, darf wohl angenommen werden, dass es auch bei Bezirksverbänden, mindestens aber bei einzelnen Mitgliedern dieser Partei Abweichungen vom offiziellen Kurs der Regierung und dem medialen Mainstream der Republik gab/gibt. Müsste diese Partei nicht spätestens zu sich kommen, wenn die Mainstream-Medien sowie beide Koalitionspartner (hier vor allem auch die FDP um Frau Strack-Zimmermann) nicht davor zurückschrecken, die große (historisch bedeutsame und weltweit anerkannte) Versöhnungspolitik Willy Brandts, die von Schmidt, Kohl, Schröder und Merkel quasi fortgesetzt wurde, rückwirkend diffamiert wird? „Das jahrzehntelang gepflegte und lange erfolgreiche Konzept des Wandels durch Annäherung und Handel galt plötzlich als der Irrtum unserer Zeit"![31] Statt sich als Partei dagegen zu wehren, entschuldigt sich der SPD-Bundespräsident und Ex-Außenminister sogar bei der Ukraine, dass er mit Russland Entspannung (und nichts als das!) angestrebt hatte! Ist es erlaubt,

[31] Precht & Welzer (2022), S. 25

sich hier (zumindest für gewisse Situationen) einen Kanzler wie Helmut Schmidt zurückzuwünschen?

Ist Deutschland dafür verantwortlich, dass Russland die Ukraine überfallen hat? Ganz sicher nicht! Anders verhält es sich dagegen mit der übermäßigen deutschen Abhängigkeit von russischem Gas und Öl, denn spätestens mit dem Jahr 2014 hätte man sich von der bis dahin praktizierten Außenpolitik gegenüber Russland so langsam distanzieren müssen, wobei allerdings zu bedenken ist, ab wann genau und mit welcher Ausdrücklichkeit in einer solchen Situation schließlich die Reißleine zu ziehen gewesen wäre! Dass hier die Warnungen der USA immer wieder als Hauptargument rückwirkend in die Waagschale geworfen werden, ist vor dem Hintergrund der großen Interessengegensätze zwischen Nordamerika und Europa nur von geringem Belang! Dementsprechend hätte sich Steinmeier durchaus bei den Deutschen entschuldigen können, aber keinesfalls bei der ukrainischen Regierung, wobei es einerseits von besonderer Qualität zeugt, den Bundespräsidenten in aller Form auszuladen sowie den Bundeskanzler zu beleidigen, während man andererseits nicht etwa um immer breitere Unterstützung bat, sondern diese permanent brüsk einforderte!

Auch die Professorin Claudia Kemfert zeigt in ihrem Spiegel-Bestseller SCHOCKWELLEN in dieser Hinsicht eine bemerkenswerte Einseitigkeit, indem sie das 'diplomatische' Getöse vonseiten der Ukraine allein aus Sicht der Herren Selenskyj und Melnyk meint wahrnehmen zu müssen, wobei sie selbst nicht davor zurückschreckt, die Entspannungspolitik der sozial-liberalen Koalition infrage zu stellen, indem sie sich ausgerechnet auf einen polnischen Nationalisten beruft, der behauptet, der 'Wandel durch Annäherung' hätte den Fall der Mauer hinausgezögert, wobei die sich stets ob ihrer wissenschaftlichen Kompetenzen lobende Frau K. noch dahingehend sozusagen einen draufsetzt, als sie diesen (ihren!) Gedankengang mit der Frage einläutet: „Ostpolitik – im

Sinne des Friedens oder im Sinne Moskaus?"! Zwar räumt Frau K. ein, dass sich eine Antwort auf diese Frage, wie auch immer ausfallend, nicht beweisen ließe, aber wieso muss man das dann überhaupt zur Diskussion stellen, indem sich die Wissenschaftlerin (in ihrem gewünschten Sinne) allein(!) auf einen polnischen Hardliner beruft?[32] Weniger Wissenschaft ist wohl kaum denkbar und aus polnischer Sicht wäre möglicherweise nicht so ganz uninteressant, dass es bei der Entspannungspolitik nicht zuletzt auch um die Oder-Neiße-Grenze ging!

Im Übrigen ist es an Unwissenschaftlichkeit kaum zu überbieten, wenn Frau K. die Ostverträge zwischen der BRD und der SU auf das Niveau von wirtschaftlichen Abhängigkeiten zugunsten der UdSSR reduziert, ganz abgesehen davon, dass es völliger Unsinn ist, den Beginn der Entspannungspolitik ausgerechnet direkt nach dem Mauerbau einzuordnen, der, so ganz by the way, ausgerechnet von dem US-Präsidenten sozusagen hinter den Kulissen der SU gegenüber genehmigt worden war, den Frau K. im Hinblick auf das Mondlandungsprogramm besonders hervorhebt, indem sie das vom Engagement her mit ihrer Strategie einer radikalen Klimapolitik gleichsetzt. Es muss schon eine eigenwillige Vorstellung von Wissenschaft vorliegen, wenn Projekte wie die Mondlandung oder z.B. (auch im Klima-Buch von Frau Thunberg zu lesen!) große Transaktionen und Entbehrungen wie zu Beginn des Zweiten Weltkriegs in England oder Kanada in etwa auf den Klimawandel und seine Praktizierbarkeit bezogen werden, ohne zu berücksichtigen, dass damals auf der Grundlage eines unbestrittenen Wirtschafts- und Gesellschaftssystems an Patriotismus appelliert wurde, während von den Ideologinnen des Klimawandels dieses System (vorsichtig formuliert) mehr oder weniger infrage gestellt wird! Wer davon spricht, dass „vor allem antidemokratische Kräfte" auf eine Spaltung der Gesellschaft setzen würden und man keine

---

[32] Vgl. Kemfert (2023), S. 54 ff.

Angst vor „Gelbwesten“[33] haben dürfe, während man der Regierung vorwirft, dass sie „Sorgen und Bedenken“[34] gegenüber dem eigenen Volk habe, dem geht es nicht um das Schicksal des Einzelnen, sondern der leistet sich eine neue Definition von Demokratie, für deren Begründung Frau K. ganz offensichtlich ein „Schnelldurchlauf“[35] reicht… Wenn zum Beispiel Donald Trump im Anschluss an ordnungsgemäß verlaufende demokratische Wahlen in den USA Präsident wird und ein halbes Jahr danach das Pariser Klimaabkommen kündigt sowie Klimaforschung beschneidet, so ist das ganz bestimmt ein Skandal und mindestens menschen- und klimafeindlich, aber „ein Angriff auf demokratische Grundprinzipien“ ist es nicht, wie Frau Kemfert das auf Seite 102 einfach mal so behauptet! Und wenn sie „die Methoden der Desinformation“ vonseiten der Wirtschaft im Hinblick auf eine Energiewende beklagt, so kann man ihr nur beipflichten, aber „Angriffe auf Grundpfeiler der Demokratie“[36] sind das keineswegs, denn allein schon jeder Wahlkampf einer Demokratie hat bedauerlicherweise auch immer Desinformationen zum Inhalt! Wenn es Medien geben sollte, die solche Tatbestände wider besseres Wissen (oder aus Gründen von Verkaufszahlen…) außer Acht lassen, dann muss entsprechend von einer Gefahr für die Demokratie gesprochen werden! Ein Angriff auf Grundpfeiler der Demokratie liegt jedoch ganz sicher dann vor, wenn der Eingang zum Bundesfinanzministeriums stundenlang blockiert und beschmiert wird, die Spitze eines symbolträchtigen Weihnachtsbaumes in der Bundhauptstadt abgeschnitten oder gar das Grundgesetzdenkmal mit Öl beschmiert wird! Es sei denn, Frau Kemfert meint, in Anlehnung an Frau Thunberg und weitere

---

[33] Kemfert (2023), S. 35

[34] Ebd., S. 37

[35] Ebd., S. 83

[36] Ebd., S. 165

Klimaideologinnen, eine andere Republik!

Auch bei den Ostverträgen ging es vorwiegend um Menschen und weniger um Abhängigkeiten von Rohstoffen, wobei es nach dem Mauerbau bei der großen Mehrheit der bundesrepublikanischen Bevölkerung alles andere als grünes Licht für 'Wandel durch Annäherung' gab, selbst noch zehn Jahre später war die Bevölkerung in dieser Hinsicht mehr oder weniger 'halbiert' und große Teile waren noch immer der Auffassung, der 'Führer' sei 1941 einem unmittelbar bevorstehenden Angriff des 'Russen' zuvorgekommen! Wer zu Beginn der sechziger Jahre meint, vom „Trauma der eigenen Schuld" bei großen Teilen der bundesdeutschen Bevölkerung sprechen zu können/zu müssen, der sollte sich möglicherweise (vor allem vor dem Hintergrund einer bis dahin vollkommen vernachlässigten Vergangenheitsbewältigung in der BRD) doch erst einmal mit jüngerer Geschichte befassen, bevor er sich ob einer solchen Einschätzung disqualifiziert!

Bei den langatmigen Verhandlungen zwischen der SU und der BRD ging es zunächst einmal um nichts anderes als um vertrauensbildende Maßnahmen, um ganz simples Vergeben, um eine Normalisierung bis hin zum Frieden zwischen zwei Völkern, von denen das eine Volk vom anderen überfallen worden war und 27.000.000 (Siebenundzwanzigmillionen) Opfer davontrug, in einem Vernichtungskrieg, den 'Herrenmenschen' gegen 'Untermenschen' führten! In den deutschen Wochenschauen des Jahres 1941 war an keiner Stelle vom 'Russen' die Rede, sondern immer nur von 'Bolschewiken' und 'Horden', von denen man 3.000.000 (Dreimillionen) in deutschen Kriegsgefangenenlagern verhungern ließ, von mehr als einer Million Verhungerten und Erfrorenen im eingeschlossenen Leningrad ganz zu schweigen! So skrupellos und verbrecherisch der Überfall Putins auf die Ukraine auch zweifellos einzuordnen ist, so kommt es einer Unverschämtheit, mindestens aber einer Unbedarftheit gleich, wenn Frau K. daraufhin (offenbar in Anlehnung an 'Barbarossa') von einem „Blitzkrieg"[37] und einem „Russland-Feldzug"[38] spricht! Damit werden die einmaligen Verbrechen der deutschen Wehrmacht (vor allem auf den Schlachtfeldern Osteuropas) auf unerträgliche Weise relativiert und man versündigt sich an den Opfern, ob man das will oder nicht! Eine ebensolche geschichtslose Menschenverachtung lag vor, als einerseits Teile der Demonstranten gegenüber den Coronamaßnahmen der Bundesregierung sich mit Widerstandskämpfern in der Nazi-Zeit verglichen, und wenn andererseits selbsternannte Demokratinnen unliebsame Wissenschaftlerinnen, die nach wie vor (biologisch betrachtet) von zwei Geschlechtern ausgehen oder eine zukunftsfähige Aufnahmeregelung von Flüchtlingen fordern, mit Faschisten oder Rassisten gleichgesetzt werden!

Wer das große, menschliche Grenzen tangierende, Engagement der beiden Hauptakteure deutsch-sowjetischer Verhandlungen, E. Bahr und V. Falin, nach Jahrzehnten der Verwässerung von Fakten und Zusammenhängen infrage stellen möchte, indem er seine einseitig 'fossil' ausgerichteten Wünsche zur Mutter der Gedanken macht, sollte sich vielleicht doch besser anderen Disziplinen zuwenden! Und wenn Frau Kemfert, wie sie betont, aus „wissenschaftlicher Perspektive"[39] zu ihren rückblickenden Erkenntnissen über den 'Wandel durch Annäherung' gelangt ist, so sollte man auf eine solche Art von Wissenschaft wohl leicht verzichten können. In diesem Zusammenhang darf nicht unerwähnt bleiben, dass zahlreiche Treffs und Vereinbarungen von Bahr und Falin zunächst nicht selten am MfS der DDR vorbeigingen und dass Falin auch später der Berater von Gorbatschow blieb/war! Darüber hinaus war das Viermächte-Abkommen über Berlin in 1971 unter den damaligen Bedingungen

---

[37] Kemfert (2023), S. 22

[38] Ebd., S. 83

[39] Ebd., S. 55

(und nicht unter denen der Frau K. von 2022) eine Vereinbarung mit sensationellem Zuschnitt, die große Vorzüge für den Transitverkehr und vor allem für Berlin-West brachten, ganz abgesehen von den damit verbundenen Besucherregelungen für die DDR und Berlin-Ost sowie die große Popularität von W. Brandt und später H. Schmidt bei der DDR-Bevölkerung und den damit verbundenen Hoffnungen. Auch die Unterzeichnung der Schlussakte von Helsinki war im Rahmen der KSZE-Vereinbarungen von durchaus weltbewegender Bedeutung, denn den Ostblockstaaten war hier, im Anschluss an äußerst zähe Verhandlungen, letztlich abgerungen worden, Vereinbarungen über Menschenrechtsfragen und den Austausch von Journalisten zu unterzeichnen, die sie hätten, auf der Grundlage ihrer strengen Ideologien, keinesfalls unterschreiben dürfen! Nicht wenige DDR-Bürger (u.a. auch polnische Aussiedler in den 80ern) haben sich im Rahmen von Ausreiseanträgen und mithilfe von BRD-Organen immer wieder auf Helsinki berufen, was die SED-Führung zumindest nicht selten in erhebliche Erklärungsnöte brachte – nicht zuletzt gegenüber den West-Medien! Auch die zunächst vorwiegend kirchlich organisierten Protestbewegungen in den 80er Jahren wären ohne die jederzeit präsenten Journalisten aus dem Westen von nur geringer Wirkung geblieben. Welche große Wirkung die Ost-West-Vereinbarungen letztlich auch auf die innenpolitischen Geschehnisse in der gesamten DDR hatten, zeigt die von K. E. von Schnitzler später wiederholt geäußerte Klage, selbst weite Teile der SED-Funktionäre, die sein Hauptklientel darstellten, hätten zu Beginn der siebziger Jahre immer wieder daran erinnert werden müssen, dass der Klassenkampf trotzdem weitergehe!

Wenn der polnische Verteidigungsminister, ein Nationalist vor dem Herrn, der Brüssel beinah jegliche Zuständigkeit abspricht, den deutsch-russischen Vertrag, wie von Frau Kemfert ausdrücklich und nicht von ungefähr erwähnt[40], mit dem Hitler-Stalin-Pakt vergleicht, so ist das (nicht zuletzt auch gegenüber der großen Leidensgeschichte des polnischen Volkes) geschichtslos sowie dumm zugleich und ist auf diplomatisch (offizieller) Ebene sicherlich keine Gegenrede wert, aber die SPD der BRD hätte sich unbedingt äußern müssen, nicht nur hinter vorgehaltener Hand, sondern in Form des Vorsitzenden höchstselbst!

Welche Kleinlandwirtin, welche Angestellte in der Privatwirtschaft, welche Krankenschwester, welcher Arbeiter, welche leibliche Mutter, welcher leibliche Vater und welche Bürgerinnen und Bürger, die sich der Historie der SPD sowie dem besseren Argument verpflichtet fühlen, können diese (ehemalige?) Arbeiter-Partei des nationalen und internationalen Ausgleichs eigentlich zukünftig noch wählen? Und wie steht es im Schatten grüner Ideologie eigentlich inzwischen mit den wirtschaftlichen Kompetenzen?

Wenn sogar die ehemalige Generalsekretärin der SPD, Yasim Fahimi, in Zeit-Online vom 29.12.2022 vor einer Konkurslawine warnt und mahnt, „jetzt ist nicht die Zeit für kapitalismuskritische Grundsatzdebatten, sondern für effektives Handeln in der Realität", sowie darüber hinaus kritisiert, dass man mit dem Ausschluss von Dividendenzahlungen in Kauf nehme, „dass in Deutschland das Risiko der Deindustrialisierung größer wird", so meint sie damit doch wohl nicht den Koalitionspartner FDP!

Apropos besseres Argument in der SPD… Da springt doch tatsächlich (vor Jahren bereits) der damalige Vorsitzende S. Gabriel rechtzeitig auf den Zug des Zeitgeistes auf, indem er allen Ernstes die Mitglieder seiner Partei ermutigt, ruhig auch dann Vorschläge nach oben zu unterbreiten, wenn diese nach eigener Auffassung zahlreichen Gegenargumenten gar nicht standhielten! Ob sich Herr

---

[40] Vgl. Kemfert (2023), S. 108

Gabriel damals der Tragweite seines Vorschlags – möglicherweise sogar im Hinblick auf eine Abkehr von konstruktiven Diskurspraktiken, mindestens jedoch in einer Art Vorausschau auf die neue Rolle der 'sozialen' Medien – bewusst war, muss hier offen bleiben, aber populistisch war seine Idee allemal, denn der neue Stil soll(te) sein, dass jeder seine Meinung äußern kann, vollkommen unabhängig, ob diese in irgendeiner Form im Rahmen eines demokratischen Willensbildungsprozesses begründbar ist! Das klingt sehr sozial, aber nicht alles, was sozial ist, hilft einer Demokratie (weiter), denn hier wird suggeriert – ob man das will oder nicht –, dass „meinen genügt"[41]. So bleibt dem Bürger dann ein lästiges und anstrengendes Ringen um das bessere Argument im Sinne von J. Habermas erspart.

Für den Verfasser ist das Denken immer noch die höchste Form menschlichen Handelns, d.h. nach Blaise Pascal „ein Denken, bei dem ich Ich-Selbst werde dadurch, daß ich mich selbst, in meiner höchst eigenen Seinslage ergreife".[42] Und genau das fürchtet der (ideologisch dominierte) Funktionär wie der 'Teufel das Weihwasser', denn er möchte handeln (hier im engeren Sinne) und alles, was ihn in seiner Ungeduld und seiner Trauer über die Kürze seines Lebens daran hindern könnte, fürchtet er, lehnt er ab, selbst die konstruktivsten oder auch stichhaltigsten Argumente, wobei man eigentlich dankbar sein müsste, dass z.B. Nicht-Demokratinnen wie Frau Neubauer das vor lauter Ungeduld sogar offen im ZDF zum Besten geben, nämlich dass (sinngemäß) *ihre* Klimapolitik nicht auf die Demokratie warten könne. Wer zudem, wie Frau Neubauer, auf Anfrage bezüglich der Gewalttätigkeiten in Lützerath zum Besten gibt, das Polizeiaufgebot sei zu groß und massiv gewesen und das Auftreten zahlreicher 'Aktivistinnen und Aktivisten' wäre zwar einerseits illegal, aber andererseits (aus ihrer Sicht) legitim, dem ist

---

[41] Precht & Welzer (2022), S. 240

[42] Giesz (1990), S. 113

nicht zu trauen oder, besser gesagt, alles zuzutrauen! Offensichtlich hat Frau Neubauer schon früh gelernt, dass sich Menschen (auch die an den Bildschirmen), die dem besseren Argument nicht immer gleich zugänglich sind, schon allein mit irgendwelchen Behauptungen 'überzeugen' lassen, wenn man sie (frei im Sinne von G. Le Bon) nur oft genug vorträgt![43] Diese Kompetenzen lernt der Mensch zumeist im Elternhaus oder am Rande desselben. Möglicherweise ist diese Frau ja auch nur ein Abbild des überaus modernen (oder sollte es heißen: 'fortschrittlichen'?) Menschentypus, wie er von David Bosshart (Direktor des GDI in Zürich) favorisiert wird: „Sich persönlich fit zu machen wird nicht mehr heißen, ein starkes Ich zu entwickeln, sondern in virtuellen Beziehungen zu leben und multiple Identitäten zu pflegen. Das heißt: Ich setze nicht mehr auf einen persönlichen ‚Kern' und suche ihn, sondern ich trainiere mir die Fähigkeiten an, mich nicht mehr definitiv auf etwas festzulegen. Damit bleibe ich fit für neue Wege. Metaphorisch gesprochen: Statt in die Tiefe gehe ich in die Breite. Ich werde zum Oberflächengestalter, ich gestalte mit meinen Stilen, *torsohaften Charakteren* und Identitäten Oberflächen (…). Dreh- und Angelpunkt der persönlichen Fitness ist *nicht* der Aufbau einer eigenen, stabilen Identität, sondern das *Vermeiden des Festgelegtwerdens.*"[44]

„Ist es (überhaupt d. Verf.) in Ordnung, dass eine kleine wohlhabende, medial und politisch einflussreiche Gruppe über die Mehrheit der Bevölkerung hinweg bestimmt, was diese zu tun oder zu lassen hat? Heiligt der Zweck die Mittel, weil eine Art Notstand herrscht, der keine Zeit zur demokratischen Willensbildung lässt?"[45] Einer der größten (stets wiederholten) Fehler in der Geschichte der Menschheit ist die Überschätzung des eigenen Lebensabschnittes

---

[43] Vgl. Hogrefe (1972), S. 1315, 1513

[44] Finger-Trescher (2003), S. 15 f.

[45] Ebert (2022), S. 59

und seiner Perspektiven im Vergleich zu dem früherer Generationen, wobei sich diese Neigung reziprok zur Fähigkeit verhält, monokausales Denken überschreiten zu können.

Noch tragischer und einem humanistischen Menschenbild vollkommen ungleich ist jedoch, wenn man, vom historischen Denken befreit, die Perspektiven und Lernprozesse früherer Generationen gar nicht kennt oder sie zugunsten einer alles überragenden Ideologie in Verbindung mit einem von zunehmender Nervosität geprägten Handlungsdruck gänzlich ignoriert, ja ignorieren muss! „Die politisch korrekten Linken (…) als die kulturellen Taliban der westlichen Welt“[46] zu bezeichnen ist sicherlich überzogen, gleichwohl es inzwischen genügend Beweise dafür gibt, wozu Menschen im Notfall fähig sind, deren Gewissen ihrem ideologisch dominierten Eifer unterliegt. „Der atomisierte Mensch wird beliebige Masse ungeschichtlicher Anhäufung von Leben, das aber als menschliches Leben in Unruhe und Angst, sei es offen, sei es verborgen, verschleiert durch vitale Kraft seines Daseins, dahinlebt.“[47]

So ist ein für das Funktionieren und den Erhalt eines Rechtsstaates unverzichtbares, auf permanenten Diskurs ausgerichtetes Subjekt einer Ideologie, in welcher Form und Richtung auch immer, grundsätzlich zuwider und ein Dorn im Auge und so ganz sicher kein Adressat der Thunberg-Ideologinnen: „Die Zeit für kleine Schritte in die richtige Richtung [ist d. Verf.] längst vorbei. Wir haben nicht mehr die Zeit, Menschen nach und nach mitzunehmen“[48]! Hier soll ganz offensichtlich auf einen elementaren Eckpfeiler jeglicher Demokratie verzichtet werden, mit der Begründung, dieses System sei nicht in der Lage, die umweltpolitischen Dringlichkeiten der

---

[46] Bolz (2023), S. 121

[47] Jaspers (1955), S. 227

[48] Thunberg (2022), S. 359

Zukunft zu lösen, wobei nach dem erlangten „Systemwechsel“ „die Machthabenden für ihr Handeln und ihre Untätigkeit zur Rechenschaft“ gezogen werden sollen! Was für eine Anmaßung!

Ohne die SPD und die sogenannte vierte Macht im Staate wäre so etwas in Deutschland, auch wenn es traditionell für radikale Veränderungen besonders anfällig zu sein scheint, sicherlich nicht denkbar, denn man kann ohne Weiteres (wieder einmal) der Meinung sein, die Demokratie müsste nun doch zugunsten hehrer Ziele geopfert werden, aber dann ist es auch eine zwingende Aufgabe der Medien, das so zur Diskussion zu stellen und die Beteiligten damit zu konfrontieren. Jeder Bürger hat ein Anrecht darauf!

Wenn nach monatelangem Ringen um einen (zumindest teilweisen) Ersatz russischen Gases z.B. das erste Terminalschiff in Wilhelmshaven anlegt und erstmals Gas in die Anbindungspipeline gespeist wird, wie ist es dann eigentlich überhaupt möglich, dass daraufhin demonstrierende angebliche ‘Umweltschützer‘ nicht wenigstens einmal von Medienseite gefragt werden, wie sie sich denn eine kurzfristige Energieversorgung in Deutschland (zumal im Winter) so vorstellen? (!)

Je mehr wir den Bürger (und Politiker sowie Medienvertreter sind ja wohl auch Bürger) davon entbinden, zusammenhängend zu argumentieren, desto eher wird er bereit sein oder sich gar berechtigt fühlen, im engeren Sinne zu handeln, ohne für die Folgen, falls es unangenehme werden sollten, Verantwortung zu übernehmen. Und je mehr dieses Handeln unter einen Selbstzweck gerät, desto eher kann es einen Zugang zu menschlicher Vernunft sowie Humanität verlieren. Immer wieder gab es Zeiten, in denen der Zweck die Mittel heiligen sollte; zunächst musste nicht selten Gott immer mal wieder dafür herhalten, angeblich bestimmte Kriege genehmigt zu haben, während sich in der Neuzeit Menschen mit ‘göttlichen‘ Ideen zu göttlichen Figuren aufschwangen und den gläubigen Mitläufern, die schon bald zu Tätern wurden, Milch, Honig und Macht versprachen, wofür diese bereit waren, gedankenlos ihre Pflicht zu tun.

Nun hat die Religion (vor allem die christliche in den modernen Industrienationen) in den letzten Jahrzehnten mehr und mehr an Einfluss verloren, sodass sich die Frage stellen könnte, wer und was dieses entstandene Vakuum inzwischen ausfüllt. „Denn wenn Menschen aufhören, an Gott zu glauben, dann suchen sie sich in der Regel etwas anderes“[49] und werden nicht selten „Moralfanatiker“[50]; „bei den meisten Menschen gründet sich der Unglaube in einer Sache auf blinden Glauben in einer andern“.[51] „Wenn man vom Glauben psychologisch spricht und nicht nach dem Gehalte, nach der Wahrheit und Objektivität fragt, so handelt es sich hier überall um Analogien religiösen Glaubens: Anspruch auf ausschließliche Geltung der eigenen Wahrheit, Fanatismus, Verständnislosigkeit für alles andere, Absolutheit der Forderungen, (…) auf Gründe hören können sie nicht mehr, ein Wahrheitsursprung geistiger Herkunft hat für sie keine Geltung.“[52]

Eine Zeitlang (70er, 80er und 90er Jahre …) konnte in der BRD der Eindruck entstehen, als gelänge es, die Emanzipation weiter Teile der Bevölkerung (nicht nur der weiblichen) über ein breit angelegtes (jederzeit konstruktives) Bildungsprogramm in Verbindung mit der großen Idee einer kompensatorisch orientierten Integration von allgemeiner und beruflicher Bildung voranzutreiben und eine weitreichende Identifikation der Bürger mit der Demokratie und einem entsprechenden Engagement mit dem demokratischen Staat zu bewirken, was, im Gegensatz zu den Ausführungen von Precht/Welzer („in den ersten Jahrzehnten“), in den fünfziger

---

49 Ebert (2022), S. 97

50 Bolz (2023), S. 43

51 Giesz (1990), S. 133

52 Vgl. Jaspers (1955), S. 210 f.

Jahren tatsächlich (noch) nicht der Fall war, da in den Köpfen eines großen Teils der Bevölkerung nach wie vor der 'Führer' als größter Staatsmann 'herumschwirrte' und es noch lange dauerte, bis die Mehrheit beispielsweise akzeptierte, am 08. Mai befreit worden zu sein! Noch 1985, im Anschluss an die überragende Weizäcker-Rede im Bundestag, war ein Drittel der Westdeutschen nicht dessen Meinung!

Inwieweit der Fall der Mauer, das Ende der SU sowie des gesamten Ostblocks, die Vereinigung Deutschlands in Verbindung einer sich stets weiterentwickelnden Computerisierung, die Globalisierung sowie eine Vernachlässigung umweltpolitischer Gesichtspunkte Einfluss genommen haben, ist ein kolossales Thema für sich, aber so langsam entstanden neue Geister und Gläubige von der Esoterik über den Post- bis hin zum Trans-Humanismus, die sich in zahlreiche (verschiedene) Richtungen verloren, aber doch darin weitgehend übereinstimmten, dass sie sich entweder einen Gott/eine Göttin nach ihren Vorstellungen zurechtbogen oder gewillt waren, selbst Gott zu spielen, was u.a. in der Vereinfachung gipfelte, dass man 'Gott' einfach durch 'Natur' ersetzte und wer sich dann für die Natur ins Zeug legte, war Gott einfach nur nahe! In feministisch-esoterischen Kreisen z.B. wurde Jesus ohne Kreuz immer häufiger gefeiert, während das Kreuz zu schrecklich sei, es mache so depressiv, deshalb wolle man auf Bildern nur den 'kreuzlosen' Jesus sehen. Möglicherweise war Jesus ja auch bisexuell orientiert und sechs seiner Jünger waren vielleicht weiblichen Geschlechts, wobei drei davon lesbisch ausgerichtet waren. (?) Im Rahmen eines gendergerechten feministischen Wertesystems wurde es dann natürlich höchste Zeit, auch Gott endlich entsprechend zurechtzurücken: „Gott ist queer" – was denn sonst? Ganz abgesehen von der Erkenntnis, dass Jesus keine Mutter hatte, sondern eine Gebärende, deren Geburtsvorgang allerdings schon abgeschlossen sein dürfte.

„Das Vorstellungsbild einer weiblichen Gottheit entspricht eher feministischer Spiritualität als das eines Gottes."[53] Wahrscheinlich wusste Gott das vorher noch gar nicht, genauso wenig, wie gläubige Frauen vorher wussten, dass sie aufgrund ihres Glaubens an einen (grammatikalisch männlichen) Gott da oben benachteiligt waren! Das ist nun – Gott sei Dank? – vorbei: Nun gibt es Gott*, ganz nach dem Motto: Sollte Gott gesagt haben?

Wenn nun noch dazu gepredigt und missioniert wird, es bestehe eine besonders enge naturgegebene Verwandtschaft zwischen Feminismus und Ökologie sowie von Frau und Natur und dieses in Verbindung setzt mit dem Klimawandel, so ist der Weg für eine neue Religionsgemeinschaft frei, ein ideologisches Angebot, das weit über eine realpolitische Lösung hinausgeht. Und dieses Angebot lautet: „Wir sind kurz vor dem Untergang, aber du selbst kannst dazu beitragen, die Katastrophe im letzten Augenblick abzuwenden – ein quasireligiöses Heilsversprechen"[54], was aber gekoppelt ist an die radikale Forderung, einen neuen Menschen kreieren zu wollen/müssen, um das Ziel einer Art Paradies auf Erden zu schaffen. „Die Theologie des Weltuntergangs ist nämlich durch eine Ökologie des Weltuntergangs ersetzt worden".[55]

Und der von weiten Teilen der grünen Bewegung (wieder-)entdeckte Posthumanismus bis hin zur transhumanistischen Agenda steht nicht nur im krassen Gegensatz zum klassischen Humanismus und eines entsprechenden Menschenbildes, sondern bedeutet das genaue Gegenteil, wobei G. Thunberg immerhin einräumt, die Welt werde nicht „enden", „wenn wir einen Anstieg der globalen Durchschnittstemperatur (…) überschreiten" würden, während sie an anderer Stelle sagt, „die Klimakrise lässt sich nicht im Rahmen

---

[53] Vgl. Capra (ca. 1985), S. 469

[54] Ebert (2022), S. 97

[55] Bolz (2023), S. 147

der heutigen Systeme bewältigen".[56] Und K. Raworth spricht von staatlichen Maßnahmen zur Herbeiführung eines Systemwechsels, darunter „Angebotssteuerung"! Man muss schon über ein gehöriges Maß an Naivität verfügen, um zu glauben, dass es den sogenannten Klimaaktivistinnen in erster Linie um das Klima ginge, wie es in unseren Medien regelmäßig und beinah willfährig zum Ausdruck kommt! „Bei der Klimagerechtigkeit geht es nicht nur darum, eine Klimakatastrophe zu verhindern, es geht darum, eine Welt aufzubauen, die gerecht ist und auf Gleichheit beruht. Wir wollen die Welt nicht bewahren, sondern eine gerechtere Welt schaffen".[57]

Wäre es nicht die Aufgabe unserer Medien, über all das permanent zu diskutieren/diskutieren zu lassen, statt so zu tun, als gäbe es auf diesem Gebiet nur absolute Wahrheiten, über die so gut wie nicht mehr diskutiert werden darf? Und was sagt es eigentlich über die Streitkultur einer rechtsstaatlichen Demokratie und speziell ihrer Medien aus, wenn z.B. unwidersprochen und weitgehend unerwähnt bleibt, dass Gleichheit offenbar zwangsläufig Gerechtigkeit bedeuten soll?[58]

Dieser durchaus traditionelle Kurs linker Gleichmacherei nahm zunächst vor allem in der Schulpolitik links-grün regierter Bundesländer langsam seinen Anfang, wobei es schon bald mehr und mehr um teilweise recht spezielles Wissen und ebensolche Abschlüsse in Verbindung mit ihrer Verwertbarkeit im Hinblick auf gleiche Chancen im Beruf ging und keinesfalls um Bildung im Sinne einer auf Kompromissbereitschaft ausgerichteten Diskusfähigkeit im Hinblick auf die Entwicklung einer historisch orientierten

---

[56] Vgl. Thunberg (2022), S. 467

[57] Thunberg (2022), S. 436

[58] Vgl. ebd., S. 441

Persönlichkeit, eine Kompetenz, die im Übrigen in keiner Weise unmittelbar messbar ist!

Während der Glaube an Gott in den Schulen eine immer geringere Rolle spielte (das Fach Religion verschwand mehr und mehr aus der Stundentafel, begünstigt noch dadurch, dass es dieses in der DDR gar nicht gegeben hatte), diente nun so langsam auch hier ein anderer Glaube sowohl als Grundlage als auch (zumindest) Parallele einer rot-grünen Schulpolitik in so manchem Bundesland, zumal der in den siebziger Jahren von linksgerichteten Ideologinnen/Ideologen unter den Lehrkräften nicht selten praktizierte Versuch, über eine Vergabe besserer (zumeist abenteuerlicher) Zensuren die Berufschancen (vor allem der Schüler, die große Schwächen in Deutsch und Mathe aufwiesen) zu erhöhen, kläglich gescheitert war. Denn die Arbeitgeber, letztlich sogar auch die staatlichen, erkannten diesen Betrug an der Gesellschaft schon bald, indem sie nun eigene Kriterien bei der Einschätzung von Bewerbern zugrunde legten, zumal die Zeugnisnoten so mancher Schulen jeglicher Grundlage entbehrten. Ähnliches galt auch in Bezug auf Abschlüsse einiger Hochschulen. Vor diesen Hintergründen wurde übrigens nicht bekannt, dass sich die GEW jemals gegen diese Tendenzen der Notenvergabe gestellt hätte! Abgesehen von dieser pseudosozialen Variante, eine bestimmte Gruppierung von Schulabgängern bewusst zu bevorzugen, ohne darauf Rücksicht zu nehmen, dass dadurch andere gezielt benachteiligt werden („Man muss begabte Kinder benachteiligen, wenn man lernschwache Kinder zu denselben Lernergebnissen führen will“[59]), schadeten diese ideologisch verblendeten Hüter von Zensuren und Abschlüssen in Deutschland den betreffenden Lehranstalten sehr, zumal in Arbeitgeberkreisen schon bald eigene Bewertungskriterien über die Qualität von Schulen und Hochschulen entstanden waren, wobei hervorzuheben

---

[59] Bolz (2023), S. 66

ist, dass bereits damals die Deutschkenntnisse, wenn auch noch auf höherem Niveau, allseits besonders beklagt wurden.

Der einzig sinnvolle Weg, den zum Teil auch schichtspezifisch begründeten Differenzen und Mängeln im Sinne aller Schüler einigermaßen erfolgreich zu begegnen, ist eine entsprechende Integration von allgemeiner und beruflicher Bildung, mit der die Defizite (wie in den 70er, 80er und 90er Jahren u.a. in Berlin bewiesen) eines Großteils der Jugendlichen erheblich reduziert werden können. Auf dem anderen Weg wird dagegen erst gar keine Anhebung des allgemeinen Sprachniveaus angestrebt, sondern man begnügt sich in traditioneller Klassenkampfstrategie verbunden mit dem jederzeit dominierenden Ziel einer Gleichmacherei mit einem stetigen Absinken der Sprachfunktion bis hin zum reinen Medium, eine Qualität, der die künstliche Intelligenz kaum nachstehen dürfte. Eine Verflachung der Sprache verflacht auch das Denken. Wenn Sprache mechanisch wird, dann läuft auch das Denken Gefahr, in einem allgemeinen Brei verschwommener Begriffe zu verkümmern. Und man könnte ins Fremdschämen geraten, wenn immer wieder einmal von Lehrern zu hören ist, die davon träumen, mit der Verwendung von Textbausteinen das Sprachniveau von Schülern erhöhen zu können! Es sind zumeist dieselben, die sich mithilfe der Rechtschreibreform Ähnliches versprachen – eine Art 'Nürnberger Trichter'! Möglicherweise wissen die Chefideologinnen links-grüner Bildungspolitik im Einzelnen gar nicht so recht, worauf ihre Ziele letztlich hinauslaufen (sollen), aber ganz sicher ist nicht vorgesehen, Denk- und Diskursfähigkeit als Rüstzeug für das Funktionieren einer Demokratie anzustreben!

Im Rahmen der Entwicklung neuer Büroberufe zeigte sich dieser Trend bereits Mitte der neunziger Jahre sehr deutlich; Hauptziel links orientierter Vertretungen von dem BIBB über die GEW bis hin zu damals bereits 'fortschrittlich' orientierten Bundesländern wie NRW oder NS war, de facto möglichst vielen Schülern Abschlüsse zukommen zu lassen, ohne die Qualität des Unterrichts zu verbessern – im Gegenteil, die Zahl der Berufsschulstunden wurde größtenteils noch gekürzt!

Um das Ziel, unbedingt mehr Auszubildende die Prüfung bestehen zu lassen (damals blieben 'ganze' 11% der Jugendlichen in Deutschland ohne Abschluss), nicht aus dem Auge zu verlieren, einigten sich die Bundesländer schließlich darauf, mehr und mehr Inhalte, die an sprachliche Kompetenzen (hier ist keine Rechtschreibung gemeint!) appellierten, aus den Prüfungen weitgehend zu entfernen. Dabei ist stellvertretend vor allem der skandalöse Beschluss zu nennen, Aufsätze (unbedingt natürlich die sokratisch orientierten!) im berufsbildenden Bereich aus den Prüfungen zu streichen, während nun auch die letzten Bundesländer (Berlin gehörte dazu) sich dem Multiple Choice, wo es eben ging, anschlossen, einer Reduktion auf Kreuzworträtselwissen, womit links orientierte Bildungsgenossen ja traditionell überhaupt kein Problem haben! Es hatten sich in zunehmendem Maße genau diejenigen durchgesetzt, denen es in Wahrheit nicht um Bildung geht, sondern lediglich um Ausbildung im engeren Sinne, wobei man nicht davor zurückschreckt(e), immer neue (weiter spezialisierte) Berufe wie Pilze aus der Erde sprießen zu lassen, um in der Praxis tatsächlich immer geringere Anforderungen zu stellen, was die Verantwortlichen nicht davon abhielt, auf Sonntagsreden jahrelang das Gegenteil zu behaupten, wobei sich auch CDU-Politiker fleißig daran beteiligten, zumal deren Partei, ebenso wie die FDP, über keinerlei Bildungsprogramm verfügte, das diesen Namen verdiente und (nach Ablösung einer rot-grünen Regierung) geeignet gewesen wäre, eine echte (unverwechselbare) Alternative zu den Reformen der Vorgängerregierung in die Praxis umzusetzen. Das Einzige, was sie in einigen Fällen immerhin bewirkten, war eine Verbesserung der pädagogischen Situation für Schüler und Lehrer, indem die Methodenfreiheit zumindest wieder etwas mehr betont wurde, denn „die fruchtbare Bewältigung der Bildungsaufgaben hängt entscheidend davon ab, daß den an der Schule beteiligten Gruppen hinreichend Spielräume zur Freisetzung ihrer Handlungsautonomie gewährt werden[60], während „Schule zu einem Spielfeld für Ideologen verkommen [ist], die sich eine Lernmethode nach der anderen einfallen lassen“[61], ohne das jeweils spezifische Bedingungsfeld der beteiligten Individuen dabei zu berücksichtigen, denn alle sind ja angeblich gleich! Viele der Ideologinnen, die sich ‘ihre‘ Schulwelt von oben zurechtschustern, verfügen über keinerlei Hintergrundwissen, denn die Erinnerung an die eigene Schulzeit würde schon ausreichen, um zu wissen, dass ein guter Pädagoge selbst mit einer schlechten Methodik und einem ebensolchen Schulbuch seiner Klasse viel beibringt, und dass ein schlechter Pädagoge selbst mit den besten Medien und der besten Methode nur wenig erfolgreich ist!

Vor diesem Hintergrund sei auch noch der bis dahin unerreichte Schwindel mit der ‘Handlungsorientierung‘ genannt, eine an sich u.a. von Ingrid Lisop geschöpfte gute Idee, die zunächst offiziell (nicht zuletzt den Arbeitgebern gegenüber) als solche sowie allgemein als Qualitätssteigerung gepriesen wurde, während das Unterrichtsniveau tatsächlich weitgehend sank, indem es nicht selten (vor allem aufgrund erheblichen Zeitmangels) zu reiner Praxisorientierung im engeren Sinne verkam, was zumeist weit entfernt war von irgendwelchen Zusammenhängen, da es, aufgrund zumeist mangelnder Voraussetzungen vieler Lernender in den Grundtugenden, weniger um selbstständige Entwicklungen und Lösungen ging, sondern vorwiegend um Wiederholungen bestimmter einfachster Abläufe am Computer, die natürlich unmittelbar messbar sein sollten und zu Kompetenzen erhoben wurden, also in etwa das Gegenteil von dem, was Handlungsorientierung ursprünglich eigentlich meint! „Je mehr (…)

---

[60] Vgl. Lohmann u.a. (1975), S. 53

[61] Vgl. Winterhoff, (2021), S. 29

von Qualitätssicherung die Rede ist, desto weniger geht es um Qualitäten, sondern einzig darum, Qualitäten in Quantitäten auszulösen"[62]! Im Hinblick auf eine verwertungsorientierte Wissensgesellschaft wurde vieles eingeübt. „Nur nicht mit dem eigenen Kopf denken – das scheint das geheime Programm von Ausbildung heute zu sein"[63]. „Diese heute an die Kinder herangetragenen sogenannten Kompetenzen beziehen sich allein auf Können und Wissen, die für sich genommen gar keine Kompetenzen sind. Es sind Fähigkeiten, die völlig losgelöst sind von einer – oft noch nicht einmal entwickelten – emotional-sozialen Psyche und deshalb nur kurzfristig existieren. Der neue Kompetenzbegriff täuscht geschickt darüber hinweg, dass gar nicht mehr die gesamte Bildung im Fokus ist, sondern nur ein kläglicher Ausschnitt."[64] Für einen Beobachter von außen (und einen 'Qualitätssicherer' von oben!) ganz bestimmt so etwas wie ein Geniestreich! Das sprachliche und mathematische Gefälle war weniger spürbar, während es tatsächlich größer und größer wurde, in zunehmendem Maße konnten selbst die einfachsten Texte und Textaufgaben (bis hin zu Kochrezepten!) nicht mehr gedeutet werden! Bereits 1836(!) erkannte A. Diesterweg, dass die Formalisierung und Schematisierung des Unterrichts mit ständiger Erfolgskontrolle einen „methodisch abgestumpften Kopf" bewirke, der im Gegensatz zur Befähigung von Selbsttätigkeit stehe.[65]

Aber vielleicht wären da doch noch mehr eigensinnige, verantwortungsbewusste und couragierte Pädagogen sowie vor allem Schulleiter gewesen/geblieben, die sich dem Versuch einer generellen Abkehr von den traditionellen Bildungszielen (Autonomie, Selbstbewusstsein, geistige Durchdringung der Welt)

---

[62] Liessmann (2010), S. 84

[63] Ebd., S. 72

[64] Winterhoff (2021), S. 60

[65] Vgl. Schröder (1978), S. 36

zumindest in Ansätzen entgegengestellt hätten, wenn da nicht auch (noch) die weltweit einflussreiche OECD gewesen wäre, denn „von Anfang an stand der Gedanke der Bewertung und Reihung in Verbindung mit dem Paradigma betriebswirtschaftlichen Denkens, das aus Schulen und Universitäten Unternehmen machen wollte, die an ihren marktorientierten Ergebnissen zu messen seien."[66] Während der entsprechende Einfluss zunächst in der Forderung nach selbstständigen Schulen, mehr Teamfähigkeit und (zum wievielten Male eigentlich?) mehr Praxisorientierung in Verbindung mit einem früheren sowie häufigeren Einsatz an Computern in den Schulen mündete, was zwischendurch von zum Teil nicht enden wollenden (Schein-) Diskussionen an den Schulen begleitet worden war, um der gesamten Prozedur, deren Endergebnis schon vorher feststand, auch noch einen demokratischen Rahmen vorzugaukeln, fand das Ganze dann später mit der Perfektionierung von Pisa seinen alles überragenden Höhepunkt (möglicherweise das 'i' über Pisa), dem sich so gut wie niemand mehr entziehen konnte/mochte. Bildungspolitische Debatten oder Entscheidungen waren jetzt ohne Berücksichtigung von Ranglisten aus Pisa nicht mehr denkbar. „Die Schulen, wie immer sie organisiert sein mögen und wie immer das Milieu aussieht, in dem sie agieren, werden damit zu Trainingsstätten für die heimlichen Lehrpläne der OECD-Ideologen"![67] Abschlüsse, die auf der Grundlage dieser zumeist kleinschrittigen Vorgaben erzielt werden, sollten nicht mit Bildung verwechselt werden; Bildung, die weder dem sokratischen Denken noch der Aufklärung sowie dem besseren Argument zugänglich ist, ist keine! Der mehrere Jahrzehnte in den Bundesländern der BRD formulierte Anspruch auf Bildung sollte nun gar keine Rolle mehr spielen! Über welches Maß an Ich-Stärke und vernünftiger Identität musste jemand verfügen, um sich diesem, die Schulen und Universitäten zunehmend dominierenden Zeitgeist zu widersetzen, dem Ersetzen

---

[66] Liessmann (2010), S. 81

[67] Ebd., S. 86

des Denkens durch das überaus simple Abzählen einer Rangliste durch Pisa? „Rankings fungieren als ziemlich primitive, aber höchst wirksame Steuerungs- und Kontrollmaßnahmen, die dem Bildungsbereich noch das letzte Quäntchen Freiheit austreiben sollen, das ihm als Relikt humanistischer Ideale geblieben ist.“[68] An dieser Stelle soll dem Leser, der in Bezug auf Lehrende in Bildungsanstalten recht unkundig ist, jedoch nicht vorenthalten werden, dass sich ein Großteil dieser Beschäftigten diesem neuen Trend gegenüber durchaus nicht abgeneigt zeigte und dementsprechend auch nicht erkannte, dass sie im Rahmen unzähliger 'Diskussionen' an ihren Schulen über eine derartige Reform lediglich dazu instrumentalisiert wurden, letztlich einer Beschneidung ihres eigenen Handlungsspielraums zuzustimmen. „Die Einschränkung der erzieherischen Freiheit des Lehrers verhindert die Berücksichtigung der Zusammensetzung wie der inneren Struktur der Lerngruppe und der sozialen, motivationalen, gruppendynamischen u.a. Voraussetzungen des Lernvorgangs. Sie verhindert ebenso die Berücksichtigung der emotionalen, sozialpsychologischen, gruppendynamischen u.a. Erfordernisse, die sich aus dem Lernprozess selbst ergeben.“[69]

Begünstigt wurde dieses noch dadurch, dass, wie in ähnlichen Organisationen, aber besonders im öffentlichen Dienst üblich, unzählige Beförderungsstellen geschaffen wurden, auf die sich die Karrieristinnen und Mitläuferinnen natürlich sogleich stürzten, ohne auch nur den geringsten Gedanken darauf zu verschwenden, dass es hier in erster Linie um die Zukunft der Schüler geht, denn dann hätten sie sich für so einen bildungsfern orientierten und unbedingt fremdbestimmten Multiplikator-Job nicht hergegeben, denn „der Mensch soll (nun d. Verf.) nicht mehr lernen, sich in Verantwortung für die Gemeinschaft seine eigenen Maßstäbe zu setzen. Zum Ziel

---

[68] Liessmann (2010), S. 87

[69] Schmiederer (1977), S. 73

der Bildung wird vielmehr (...) die Anpassung an die abstrakten Erfordernisse der Wirtschaft"[70]! Allerdings sollte man stets bedenken, dass sich ein Karrierist grundsätzlich weniger für das Betätigungsfeld seines Postens interessiert als für den Posten selbst - eine wichtige Voraussetzung, um autoritäre Systeme zu errichten oder zu erweitern, zumal Menschen, die im Sinne von Brecht nicht gelernt haben, nein zu sagen, geradezu prädestiniert sind für solche Positionen, in denen sie sich zumeist sehr wohlfühlen, weil ihnen die bis ins Detail gehenden, recht eng formulierten Vorschriften unbedingte Sicherheit vermitteln.

Und doch ist es eigentlich unbegreiflich, wie Schulräte und Dezernenten, die doch auch Pädagogen sein sollten oder einmal waren, solchen Unfug anordnen können, wie die höheren Schulbehörden ihn zulassen und wie die Mehrheit der Lehrer alles brav mitmacht!

„Mitunter ist es geradezu atemberaubend, wie leichtgläubig, naiv und in einem basalen Sinn schlicht unwissend die Protagonisten der sogenannten Wissensgesellschaft sind, wenn es darum geht, den Zeitgeist und seine Moden nicht zu verpassen."[71] So entstanden u.a. riesige Kompetenzzentren, an denen schon bald ein besonderes Klima zu beobachten war, das immer weniger an Schule erinnert. Der Gebäudemanager (früher Hausmeister), andere handwerklich orientierte Beschäftigte, Sekretärinnen und Lehrer waren nun Mitarbeiter, es gab Teamkonferenzen, -sprecher, Vorsitzende von Teamkonferenzen und Schüler wurden sogar als Kunden bezeichnet. Erstmals war auch vom Führungspersonal die Rede, das sich aus zahlreichen Abteilungsleitern bis hin zur Schulleitung zusammensetzte und sich bei Konferenzen, entsprechend der Rangordnung, in Reih` und Glied platzierte, sodass die ohnehin

---

[70] Graupe u.a. (2013)

[71] Liessmann (2010), S. 46

konformistisch sozialisierten Lehrkräfte endlich zu ihrer Führung aufblicken konnten, ein Blick, der ihnen früher verwehrt worden war. Sie entwickelten nun nicht selten eine klammheimliche Freude darüber, dass die Methodenfreiheit, mit der sie selbst zumeist nur wenig anzufangen gewusst hatten, für alle zumindest eingeschränkt, wenn nicht gar (de facto) abgeschafft wurde. Und sie empfanden es als wohltuend, dass sie nun mit ihrer jederzeit verwechselbaren Mittelmäßigkeit in den jeweiligen Teams, die nach dem Vorbild privatwirtschaftlicher Organisationen errichtet worden waren, sozusagen untergehen konnten. „Es ist ja auch nicht erstaunlich, dass mittelmäßige Köpfe keinen Sinn für die Bedeutung von Originalität und die Dimension der hervorragenden Persönlichkeit haben“[72].Unverwechselbare, kommunikativ kompetente Lehrerpersönlichkeiten hingegen, die aus ihrer natürlichen Autorität heraus eine Beziehung zu ihren Schülern aufbauten und bei diesen somit recht erfolgreich und beliebt waren, verloren jetzt langsam bei den inzwischen geläuterten bzw. neu erkorenen Vorgesetzten an Image, weil sie nicht bereit waren, ihre pädagogischen Grundsätze zugunsten einer auf reine (vor allem wirtschaftliche) Verwertbarkeit ausgerichtete und allein an Pisa orientierte Schmalspurausbildung von jungen Menschen aufzugeben, ganz abgesehen davon, dass sie ja auch immer wieder Unruhe in die verordnete Atmosphäre der Gleichheit brachten/bringen. „Die zwischenmenschliche Scheinwelt der Pisa-Messung entfremdet sie (Lehrer und Schüler d. Verf.) von den eigenen kulturellen Wurzeln und zerstört die zwischenmenschliche Basis des pädagogischen Geschehens. Die unmittelbaren Erfahrungen der pädagogischen Praxis verlieren an Bedeutung für die Gestaltung von Bildung, eben weil die Aufmerksamkeit von Politik, Öffentlichkeit und auch Erziehungswissenschaft auf statistische Scheinwelten gebannt ist.“[73]

---

[72] Bolz (2023), S. 32

[73] Graupe u.a. (2013)

Aus Sicht der Führungskräfte sind nun natürlich sämtliche Mitarbeiter gleich und somit vor allem austausch- und jederzeit ersetzbar. Lediglich den Eltern (man denke nur an die Qualität des Vertretungsunterrichts...) und vor allem Schülern wird zugemutet, die großen Unterschiede unter den Lehrkräften (teilweise jetzt Mitarbeiter) ertragen zu dürfen und sich mit ihren 'Pappenheimern' herumzuschlagen.

Umso bemerkenswerter mag nun aber die Tatsache sein, dass die links-grünen Schulideologinnen im Großen und Ganzen keine Schwierigkeiten mit den von kapitalistisch-marktwirtschaftlich dominierten OECD-Funktionären geforderten neuen schulischen Strukturen hatten/haben, wenn auch aus zum Teil völlig unterschiedlichen Gesichtspunkten. Jedenfalls wurde offiziell nicht bekannt, dass sich die GEW gegen die mehr als schülerfeindliche Gleichmacherei von Lehrern gestellt hätte, die im krassen Gegensatz zur Wahrnehmung der eigentlichen Protagonisten, nämlich der Schüler, steht! Immerhin besteht allerdings doch eine direkte Überschneidung der Interessen: Den Ideologinnen/Ideologen auf beiden Seiten war/ist es allemal ein Dorn im Auge, mit ansehen zu müssen, wenn sich an Bildungseinrichtungen informelle Strukturen bilden, die dazu führen, dass geborene Persönlichkeiten aufgrund ihrer engagierten und allgemein anerkannten pädagogischen Arbeit mehr Einfluss erhalten und Gehör finden als die gekorenen Technokraten in formal höheren Positionen. Und „was die Bildungsreformer aller Richtungen eint, ist ihr Haß auf die traditionelle Idee der Bildung. Daß Menschen ein zweckfreies, zusammenhängendes, inhaltlich an Traditionen der großen Kulturen ausgerichtetes Wissen ausweisen können, das sie nicht nur befähigt, einen Charakter zu bilden, sondern auch ein Moment von Freiheit gegenüber den Diktaten des Zeitgeistes gewährt, ist ihnen offenbar ein Greuel"![74] Christopher Lasch verbindet diesen Niedergang der

[74] Liessmann (2010), S. 52 f.

Bildung mit dem Gebrauch des Wortes „Relevanz“, das „eine verborgene Feindseligkeit gegenüber Bildung überhaupt“ beinhalte.[75] Ist dieses und jenes überhaupt noch relevant für den ‘fortschrittlichen‘ Menschen?

Im Rückblick auf seine Schulzeit wird sich der eine oder andere bestimmt an jugendliche Schüler, ja sogar Kinder erinnern, die, auf Inhalte eines Faches bezogen, das sie nicht besonders interessierte, die Frage stellten, ob man das denn später im Beruf überhaupt brauche. Und in zahlreichen Didaktik-Seminaren an der FU stellten Studenten immer einmal wieder die Frage, ob das soeben Behandelte denn auch prüfungsrelevant wäre. All diese Menschen und ihre Fragen hatten eines gemeinsam, sie waren alles andere als geistreich, aber trotzdem (oder gerade deshalb?), ohne es zu wissen, der Praxis eines modernen wissensorientierten Bildungssystems der Unbildung um Jahre voraus: „Was nicht immer schon der Praxis verschwistert und durch diese abgeschliffen ist, braucht erst gar nicht gelernt zu werden“![76] Ein in diesem Sinne „lernzielorientierter Unterricht zielt meist nur auf einen oder wenige Aspekte eines Gegenstandes oder Sachverhaltes, nicht auf den Gegenstand in seiner realen Ganzheit“.[77] All das änderte natürlich nichts daran, dass der große Unterschied in der Entwicklung der Kinder bei der Einschulung in Deutschland von Jahr zu Jahr zunahm, ohne auch nur auf die Idee zu kommen, dass möglicherweise doch (auch) einige zurückliegende Reformen für dieses Dilemma verantwortlich sein könnten.

Hier kam nun aber ein neu belebter (Aber-)Glaube linker Ideologie gerade recht, um der in der Praxis bereits eingeleiteten Gleichmacherei (im Sinne der Ideologie: Gleichheit = Gerechtigkeit) eine weitere Grundlage zu schaffen, denn er besteht darin, dass es

[75] Vgl. Lasch (1980), S. 190

[76] Liessmann (2010), S. 65

[77] Schmiederer (1977), S. 71

sich beim Menschen um das einzig bekannte Wesen auf der Erde handelt, bei dem im Rahmen seiner geistigen Entwicklung die Genetik so gut wie keinen Einfluss habe. Dass vieles beim Menschen, was die Physis angeht, von der Genetik abhängt, wird ggf. nicht bestritten, selbst das Vererben von Veranlagungen bei verschiedenen Krankheiten nicht, aber die in den meisten Regionen erheblichen Differenzen zwischen den kognitiven und emotionalen Strukturen bei Kindern im Vorschulalter werden entweder bestritten oder größtenteils auf die finanziellen Rahmenbedingungen in den Haushalten der Kinder zurückgeführt! Die von Jahr zu Jahr wachsenden Probleme der Grundschulkinder in Mathe und vor allem Deutsch werden, wie sollte es anders sein, gern nivelliert, indem man, wie erwähnt, zunehmend Inhalte in den Vordergrund stellt, in denen sich vorrangig keine sprachlichen oder mathematischen Kompetenzen widerspiegeln! Dabei dürfte überflüssig sein, zu betonen, dass eine weitreichende Verwässerung der Notengebung hier ihr Übriges tat/tut und zur (im Sinne ihrer Kinder äußerst kontraproduktiven) kurzfristigen Beruhigung der Eltern beitrug/beiträgt. Schon wenige Jahre nach der sogenannten Verselbständigung von Schulen, die erwartungsgemäß (entgegen der Ankündigungen) weniger pädagogischen Spielraum brachte und unverwechselbare Lehrerpersönlichkeiten eher vergraulte oder sogar zu Aussteigern werden ließ, war mehrfach von dort zu hören, dass Schulleiter in diesen Häusern nicht davor zurückschreckten, „die einzelnen Lehrer zu ermahnen, doch bitte nicht zu schlechte Noten zu geben, denn sonst könnte möglicherweise ihr Arbeitsplatz in Gefahr sein, wenn sich demnächst mehr Schüler, in Erwartung besserer Zensuren, bei Konkurrenzschulen anmelden würden.“[78] „Eine Schule gilt dann als gut, wenn möglichst viele Schüler mit möglichst guten Noten von der Schule abgehen.“[79] Was lag da näher, als eine generelle Abschaffung von Zensuren (zumindest in den

---

[78] Jantzen (2020), S. 119

[79] Winterhoff (2021), S. 102

ersten Schuljahren) zu fordern, was diese Menschen, die zumeist der GEW nahestanden, selbstverständlich nicht davon abhielt, einer solchen geforderten Reform eine angeblich pädagogisch höhere Wertigkeit zuzusprechen, womit sie allerdings nicht höhere Lernergebnisse in Deutsch und Mathe meinten, geschweige denn selbstständige Denkprozesse betreffend.

Ohne dass explizit immer so laut darüber gesprochen wurde (man musste ja auch an die nächsten Wahlen denken) oder die Mehrheit der Eltern und Schüler etwas davon mitbekam, wurde der vorher erwähnte Aberglaube der Neuzeit über weite Strecken und in Sachen Genetik zur Grundlage moderner Schulpolitik in Deutschland (vielleicht noch mit leichten Abweichungen in Bayern sowie Sachsen) und die notwendigen Anstrengungen in Richtung eines kompensatorischen Unterrichts beschränkten sich (nicht nur in den ersten Schuljahren) weitgehend auf das Mitleid gegenüber den vor allem sprachlich sowie emotional Zurückgebliebenen, indem man auf andere Fähigkeiten des Menschen verwies und diese im Übermaß hervorhob oder sogar die Schüler selbst autonom darüber befinden ließ, während die Elementarfächer mehr und mehr vernachlässigt wurden, wobei in dieser Hinsicht zwar noch vorsichtig vom Fördern gesprochen wurde, aber ein unbedingt notwendiges Fordern zumeist brüsk als einer modernen Pädagogik unwürdig abgetan wurde/wird! „Doch viel zu wenig fordern wir unsere Kinder. Häufig werden sie wie Pensionäre behandelt, denen man nichts zumuten möchte“[80], dementsprechend gering sind dann auch ihre Erfolgserlebnisse, ohne die Lernen auf die Dauer kaum noch stattfinden kann. „Mit dem Argument (moderner Schulpolitik d. Verf.), man müsse Kindern Mühen und Umwege ersparen, könnte man sie auch gleich von der Mühe entbinden, morgens aufzustehen“[81]! „Wenn ältere Menschen an die jungen keine

---

[80] Spitzer (2022), S. 81

[81] Winterhoff (2021), S. 99

Forderungen stellen, machen sie es ihnen nahezu unmöglich, erwachsen zu werden“[82] „Schulen sollten daher redlich sein und es jungen Menschen nicht vorenthalten oder verdecken, daß Lernen nicht nur Freude und Spaß macht, sondern auch Mühe und Anstrengung kostet und auch weniger Anregendes, weniger Interessantes erarbeitet und gelernt werden muß“[83].

Warum haben sich die Medien (und hier vor allem die öffentlich-rechtlichen) nicht auf die Seite der Schwächsten, nämlich der Kinder begeben und auf die großen Mängel der linken Schul-Ideologie aufmerksam gemacht? Von den Lehrergewerkschaften, die ja bekanntlich die einzigen Arbeitnehmervertretungen sind, die sich nicht für die untersten Glieder eines Systems einsetzen, sondern vornehmlich für diejenigen (Lehrer), unter denen die Schwächsten, nämlich die Schüler, vor allem zu leiden haben, war natürlich keine Kritik zu erwarten, ganz abgehen davon, dass es sich hier ja eher um eine Vereinigung von Ideologinnen und Karrieristinnen handelt! „Ungern gibt ein Ideologe zu, dass er Unrecht hatte. Und wenn die Ergebnisse noch so schlecht sind, er sorgt mit allen Kräften dafür, dass weitergemacht wird“[84]!

Wenn zum Beispiel die katholische Kirche einem zu vernachlässigenden Einfluss der Genetik auf die Sozialisation eines Menschen das Wort reden würde, wäre das noch einigermaßen nachvollziehbar (der Mensch als über allen anderen stehendes Lebewesen), aber dass ausgerechnet diejenigen, die sonst zumeist den Menschen als reines Evolutionsobjekt begreifen und einordnen, ihn im Hinblick auf angeborene geistige Kompetenzen von allen anderen (vergleichbaren) Kreaturen ausnehmen, ist nicht nur völlig absurd, sondern eben reine Ideologie! Denn gleichwohl sich über

---

[82] Lasch (1980), S. 180

[83] Aurin (1991), S. 84

[84] Winterhoff (2021), S. 19

den Anteil von Erbfaktoren beim Menschen streiten lässt, so steht doch außer jeden Zweifel, dass sie eine nicht geringe Rolle im Rahmen der Sozialisation eines Menschen spielen. So ermitteln Nativisten seit Jahrzehnten einen Anteil der Gene an bildungspolitischen Prozessen bis zu 80%, während eher materialistisch orientierte Forscher immerhin auf annähernd 50% kommen; alle Anhaltspunkte weisen darauf hin, dass Gene die jeweiligen Textergebnisse entweder mittel- oder unmittelbar beeinflussen, was ein ernst zu nehmender Mensch auch vorher sicherlich nicht bestritten hat[85]! Nicht einmal der dialektische Materialismus der KPDSU blieb diesem Irrglauben in der Praxis treu, wenn es darum ging, 'große Töchter' oder 'Söhne des Volkes' entsprechend ihrer nach genetischen Gesichtspunkten erfolgten Auswahl auszubilden und sich entwickeln zu lassen! „In derselben Familie, bei gleicher Erziehung kann das Temperament von Kindern sehr unterschiedlich sein, was daran liegt, dass es zu einem großen Teil biologisch bestimmt ist."[86]

Wer das bei der Schul- sowie Bildungspolitik vollkommen außer Acht lässt, der könnte ebenso behaupten, die Erde sei eine Scheibe, wobei er mit dieser 'Erkenntnis' heutzutage wohl keinen Schaden (mehr) anrichten könnte, aber in Bezug auf eine möglichst breite Förderung von Kindern und Jugendlichen schon! „Schulen müssen Ort klarer Strukturen, Anforderungen und Regeln sein, die von allen Lehrern jedem Kind abverlangt werden müssen."[87]

Dem Verfasser ist aus pädagogischen Sphären kein klügerer Satz bekannt als der von Laotse, dass Lernen die Verletzung von Regeln

---

[85] Vgl. Bruder (1976), S. 183

[86] Spitzer (2022), S. 74

[87] Winterhoff (2021), S. 177

beinhalte! Aber wie sollte das geschehen, wenn vorher gar keine Regeln vermittelt wurden?

Eine Schulpolitik, die bewusst mit einem jeder Ideologie zugrunde liegenden Fanatismus gegen sicherste wissenschaftliche Erkenntnisse (und nicht zuletzt auch Ergebnisse!) vorangetrieben wird, macht zumindest dort so gut wie alles falsch, wo man hauptsächlich die Schicksale von Kindern vor Augen hat. „Im Zentrum aller Verirrungen steht die Auffassung, dass man Kindern nur freie Bahn lassen muss, damit sie sich ganz von allein – also autonom – zu verantwortungsbewussten und sozial kompetenten Erwachsenen entwickeln. Wie kann es sein, dass dieser von selbsternannten Experten verbreitete Unsinn das Gehör der Bildungspolitiker findet?“[88]

Hier geht es nicht (mehr) darum, eine möglichst optimale Entwicklung junger Menschen nach ihren Möglichkeiten zu bewirken, sondern Grundlage dieses staatlich gesteuerten Bildungswesens (möglicherweise unter leichter Relativierung in Sachsen und Bayern) ist eine Ideologie der Gleichheit aller Menschen. ‘Bildung für alle‘ wird das genannt, und wer wollte sich dem verschließen? Tatsächlich geht es um ‘Abschlüsse für alle‘, indem letztlich auch das Leistungsprinzip immer wieder und weiter infrage gestellt wird und geistige Ressourcen einer Gesellschaft systematisch verschleudert werden. „Wo sich Menschen durch ihre geistigen Interessen oder schlicht durch ihre Bildung unterscheiden, entsteht die Versuchung, solche Unterschiede zu nivellieren, indem man Maßstäbe und Anforderungen senkt.“[89] Leistungsanforderungen müssen allein schon deshalb gesenkt werden, weil der Lärm in den Klassenräumen überwiegend viel zu groß ist, sodass Lernen in des Wortes Bedeutung gar nicht erst

---

[88] Winterhoff (2021), S. 14

[89] Sarrazin (2022), S. 263

stattfinden kann, worum es in einer Schule doch eigentlich wohl gehen sollte! Stattdessen untersuchte das Bildungsministerium in Schleswig-Holstein unter Berücksichtigung entsprechender Werte (ganz im Sinne des Bildungszeitgeistes) nur die Arbeitsplatzbelastung für Lehrer, wobei immerhin 93% der Befragten unter dem Lärm zu leiden hatten! Wie wäre es denn, wenn man die Schüler einmal zu ihren Lernbedingungen befragt hätte, aber diese sind ja nicht so wichtig und die zu erwartenden Ergebnisse hätten vielleicht doch etwas unerwünschte Unruhe in den (von oben) ideologisch gesicherten Scheinfrieden bundesdeutscher Schulen gebracht, wenn hier auch nur ein Bundesland betreffend. Vor diesem Hintergrund ist es wohl nicht verwunderlich, dass von erwachsenen Schülern nicht selten zu hören ist, es gäbe sogar Lehrer, die ihre Unfähigkeit, für ein halbwegs ruhiges Klima in der Klasse zu sorgen, damit begründeten, dass erzwungene Ruhe und Ordnung die Spontaneität der Schüler negativ beeinträchtigen würde.

Im Zusammenhang mit dieser Entwicklung kursierte übrigens bereits um die Jahrtausendwende in und am Rande von Bildungseinrichtungen nicht selten der 'Gutmensch', jemand, der im Rahmen seiner erzieherischen Tätigkeit so 'gut' und ein Freund des Menschen ist, dass er glaubt und behauptet, jeder könne alles lernen! Auf Abweichungen der Realität von seinem Aberglauben reagiert er dann nicht selten mit Ignoranz, Frustration, Aggression oder mit einer Herabsetzung derer, die wissen, dass die Möglichkeiten des menschlichen Intellekts zu einem nicht geringen Teil genetisch bedingt sind. Was nicht sein soll, darf eben nicht sein! Im Übrigen muss man kein Mediziner oder Psychologe sein, um über die verschiedenen Versuche einer Konfliktlösung eines solch irregeleiteten 'Gutmenschen' berichten zu können. Möglicherweise wäre das Einfachste, die seinem 'Glauben' zugrundeliegende Ideologie als solche zu erkennen und hauptsächlich ihr und ihren fanatischen Vertretern die Verantwortung für solche (zum Teil) erhebliche Identitätskrisen zukommen zu lassen, aber dazu bedürfte es wahrscheinlich wahrhaftiger Freunde oder sogar professioneller Hilfen... Vor diesem Hintergrund wäre es sicherlich sehr interessant, einmal zu erfahren, wie viele langzeitkranke Lehrer es durchschnittlich in Deutschland inzwischen gibt; in Berlin sind es übrigens über 1.600! Vor einigen Jahren stellte die Uni Potsdam fest, dass in etwa die Hälfte der Junglehrer einigermaßen ungeeignet für ihren Beruf sei und dass über 50% völlig überrascht wären, auf vorwiegend unmotivierte Schüler zu treffen! Wie geht so etwas eigentlich? Sind diese Damen und Herren vorher Kindern und Jugendlichen systematisch aus dem Weg gegangen, um sich dann bedenkenlos für den Schuldienst zu entscheiden?

Stattdessen müsste eine bessere Ausbildung in sozialen und personalen Kompetenzen zu echten Lehrpersönlichkeiten, die zum Beispiel bereit und in der Lage sind, über ihre Wirkung auf andere zu reflektieren, eine Fähigkeit, die jedoch in den meisten Fällen bereits bedeutend früher im Leben angelegt ist/wurde, erfolgen. „Die Reflexion über die persönliche Eignung (komme ich damit zurecht, die Verantwortung für 25 Kinder zu tragen? Kann ich überhaupt frei sprechen? Wie wirke ich auf andere? Kann ich eine offene Diskussion führen? Inwiefern bin ich identisch und stehe nicht neben mir? Kommt meine Liebe zu Kindern auch entsprechend an, nimmt man mich so wahr, wie ich wirken möchte?) wird, wenn überhaupt, viel zu spät abverlangt.“[90] Wenn man allerdings den Schwerpunkt darauf legt, dass jeder Lehrer werden können soll, verzichtet man bewusst und gezielt auf persönlichkeitsstarke Pädagogen und begnügt sich mit Lehrkräften, die mehr oder weniger gleich sowie jederzeit austauschbar sind, und lässt vollkommen außer Acht, dass Lernen ein emotionaler Vorgang ist! „Der humane Umgang mit Menschen, und eben gerade den jungen heranwachsenden, darf niemals ein technischer, an kybernetischen Modellen orientierter, sondern muss immer ein

[90] Winterhoff (2021), S. 130

nicht-technischer, ein kommunikativer sein"[91]! „Die Berufsgestalt des Lehrers muß eine werterfüllte, in sich geschlossene, organisch entwickelte Persönlichkeit sein, die mit ausgesprochener sozialer Einstellung psychologische Begabung und vielseitige Interessen verbinden kann" (Zeitschrift 'Eltern', 02.01.1968 S. 12).

Leider muss mittlerweile davon ausgegangen werden, dass von diesem (wahrhaftigen!) Pädagogen bei der Bewerbung von Menschen für den Lehrerberuf inzwischen nicht allzu viel übriggeblieben ist, denn man könnte annehmen, dass sich durchaus (vor allem kommunikativ) Talentierte im Umgang mit Menschen (möglicherweise erfahren bei der Arbeit mit Kindern und Jugendlichen, verbunden mit der Gewissheit, emotional sehr viel für diese Altersgruppe übrig zu haben…) im Wissen um eine stetig voranschreitende Beschneidung von Individualität im Schulalltag gegen den Lehrerberuf entscheiden, denn jede halbwegs geborene (nicht gekorene!) Persönlichkeit verlangt nach Gestaltungsspielraum und „ein höherer Bewusstseinsgrad im Hinblick auf die Anforderungsstruktur und die Arbeitsbedingungen der Lehrertätigkeit ist sehr wahrscheinlich sogar mit einem erhöhten Erleben von Bedrohung, Ungewissheit und Hilflosigkeit verbunden. Der angstfreie Lehrer hat möglicherweise nur ein rigoros eingeengtes Blick- und Interessenfeld"[92].

Man kann sich möglicherweise vorstellen, dass der links-grünen Ideologie der permanenten Gleichmacherei solche, die Zahl der Berufseinsteiger schon vorab reduzierenden, Motive durchaus gefallen, da sie in der Praxis 'ihrer' Schulen nun natürlich auch davon ausgehen, alle Lehrer, die sich für diesen Beruf entscheiden, wären (zumindest annähernd) gleich und jeder könnte Lehrer werden, man müsse ihm nur das richtige Rüstzeug (d.h. vornehmlich die Methode

---

[91] Jantzen (2020), S. 124

[92] Weidenmann (1983), S. 140

seines Unterrichts bis ins Detail) an die Hand geben. Vereinfacht dargestellt heißt das: Beinah jeder Schüler kann alles lernen und beinah jeder angehende Lehrer auch! Der absolute Wahnsinn dieser Antipädagogik im demokratischen Deutschland des einundzwanzigsten Jahrhunderts wird zudem noch dadurch besonders deutlich, dass es nach Klingberg für die gesamte Didaktik der DDR selbstverständlich war, dass dem Lehrer „in jeder Unterrichtsstunde ein verhältnismäßig großer Spielraum für seine schöpferische Initiative eingeräumt" wurde, denn in jeder Unterrichtssunde gehe es, so Klingberg weiter, um eine „einmalige Situation, um Prozesse, die sich über weite Strecken dem Algorithmus entziehen"[93]!

Die Einzigen, die dafür sorgen, dass die Praxis vor Ort (noch) nicht ganz so dramatisch verläuft, sind die wenigen Pädagogen, die sich über weite Strecken nicht an die Vorgaben ihrer vorgesetzten Schulbehörde halten und den einzelnen Schüler in den Mittelpunkt ihres Berufes rücken und nicht etwa irgendeine Karriereleiter, denn beides ist so gut wie unmöglich, zumal auf das Herzstück sowie die Effizienzgarantie jeder Pädagogik, die Methodenfreiheit, zugunsten einer permanenten Kontrolle sowie Vorgaben bis in jedes Detail (zumeist auf der Grundlage des Etikettenschwindels eines angeblichen Teamgeistes) bewusst und gezielt zunehmend verzichtet wird/werden soll. Kein Schüler der Welt interessiert sich für das Lehrerteam, das ihm zugeordnet ist, sondern einzig und allein ist für ihn wichtig, wie er mit den einzelnen Lehrkräften jeweils zurechtkommt! „Die wenigen (…) Erzieher und Lehrer, die noch über Bindung und Erziehung zum Kind verfügen, können nur einzelne Kinder gegen den herrschenden Zeitgeist fördern und entwickeln."[94] „Für Grundschulkinder ist es reine Glückssache, welchem Lehrer sie zugeteilt werden und wie es für sie in der Schule

---

[93] Vgl. Klingberg (1984), S. 133

[94] Winterhoff (2021), S. 193

weitergeht".[95] Für 'fortschrittlich'- ideologisch geschulte Leiter von Lernanstalten ist es dann natürlich durchaus hilfreich, wenn ein Bewerber vorher kaum etwas über Pädagogik gehört hat, über sich selbst wenig weiß und zudem auch nicht besonders kommunikativ kompetent ist, denn dann fällt es sicherlich umso leichter, alle möglichen fremdbestimmten (methodischen und lernsituativen) Vorgaben bis hin zu weiteren detaillierten Handlungsanweisungen willfährig auszuführen, ohne über deren Sinnhaftigkeit im Sinne der Schüler weiter nachdenken zu müssen.[96] „Schule ist zu einem Spielfeld für Ideologen verkommen, die sich eine Lernmethode nach der anderen einfallen lassen."[97]! „Lehrer und Erzieher haben nichts mehr zu sagen", sie werden zu Witzfiguren, die Kindern keinen Halt geben können, „denn Schulämter und –träger sind in der Regel nicht daran interessiert, sich kritischen Fragen zu stellen. Sie setzen alles daran, die Lehrer auf Linie zu bringen".[98]

So entbehrt es auch nicht einer gewissen Logik, dass sich Deutschland, bei allen sonstigen Sparmaßnahmen im Bereich der Bildung, den zweiten, dritten oder gar vierten Bildungsweg der älteren Schüler im Vergleich zu anderen Industrienationen sehr viel Geld kosten lässt, was sich dann so ganz nebenbei (und sicher nur rein zufällig) auch auf die Zahlen der Arbeitslosigkeit auswirkt. Wenn wir aber eine Gesellschaft mit persönlichkeitsstarken Menschen in Verbindung mit kritischen und sozialen Kompetenzen schaffen/erhalten wollen, dann müssen wir die einzigartige Bedeutung der ersten sechs Jahre des Lebens endlich anerkennen, wobei eine entsprechende Entwicklung nicht zuletzt auch auf einer gefühlten Geborgenheit basieren sollte, was allein mit permanenten Strukturveränderungen und einer sog. wissenschaftlichen Begleitung

---

[95] Winterhoff (2021), S. 13

[96] Vgl. Jantzen (2020), S. 124 f.

[97] Winterhoff (2021), S. 299

[98] Vgl. ebd., S. 124

keineswegs erreichbar ist, da entsprechende Fortschritte selten unmittelbar und längst nicht alle messbar sind! Beinah jeder Neuro-Wissenschaftler weiß inzwischen, dass neben den Genen für die Zukunft eines Kindes entscheidend ist, was es in den ersten Jahren erlebt. Im Rahmen eines ZEIT-Interviews (2006) berichtet Wolf Schneider von den Forschungsergebnissen mit 200 Kindern über zwanzig Jahre hinweg: „Wir hätten nicht erwartet, dass so viel in der Entwicklung bereits sehr früh festgelegt ist. Wir haben die intellektuellen Fähigkeiten der Kinder ebenso untersucht wie ihr soziales Verhalten, haben die Feinmotorik geprüft und nach dem Moralverständnis gefragt. Und über fast alle Persönlichkeitsbereiche hinweg stellte sich heraus, dass die Unterschiede zwischen den Kindern, die wir mit 3 oder 4 Jahren gemessen haben, mit 23 Jahren immer noch weitgehend bestanden."[99] Verpasste Momente für den Spracherwerb oder für feinmotorische Bewegung lassen sich bestenfalls geringfügig nachholen, wobei immer zu bedenken ist, dass nur *die* genetisch angelegten Synapsen bei Kindern erhalten bleiben, die auch 'angezapft', also gefordert werden, die anderen sterben schon bald ab und sind im Gegensatz zum Aberglauben zeitgeistiger linker Bildungsideologinnen so gut wie nicht wieder zu aktivieren! „Soziale Kompetenz und das mitmenschliche Verhalten wird ausschließlich in den Kindertagen ausgebildet – oder eben nicht."[100] Auch wenn es nicht populär ist und der Mensch es nicht gern hört: „Synapsen, die nicht gebraucht, die nicht verwendet werden, werden später sogar aktiv wieder abgeräumt"[101].

Vor diesem Hintergrund dürfte jedem einleuchten, dass diejenigen, die dem besseren Argument der Wissenschaft nicht zugänglich sind und sich trotzdem populistisch auf das Niveau einer Art Quadratur des Kreises begeben (was nicht sein soll, darf nicht sein!), indem sie

---

[99] Göppel (2010), S. 114

[100] Hahne (2011), S. 66

[101] Spitzer (2022), S. 17

immer wieder mit hohem (auch finanziellem) Aufwand krampfhaft versuchen, anhand ständiger Wiederholungseinheiten das Gegenteil zu beweisen, keine andere Wahl bleibt, als das Niveau immer weiter zu senken und die Prüfungen, soweit eben möglich, von sprachlichen und mathematischen Inhalten zu befreien, während bei den gegenwärtig immer wieder zu verfolgenden Debatten über die Betreuung von Kindern eher der Eindruck entsteht, als ginge es vornehmlich um eine gleiche Verteilung von Pflichtstunden, die Eltern jeweils mit ihren Kindern verbringen (sollen), und ganz und gar nicht um die Kinder selbst, denen es im Übrigen am Hintern vorbei geht, inwieweit die 'Dienstzeit' der Eltern gleich verteilt ist. In diesem Zusammenhang ist durchaus denkbar, dass eine Stunde mit einem Elternteil für das Kind förderlicher ist als mehrere Stunden mit dem anderen – das nur so nebenbei zu diesem Geschwätz von der Gleichheit! „Lange bevor das Kind sich selbst sieht (...) und sich mit seinem Aussehen identifizieren kann, erkennt es (mit hoher Gefühlsbeteiligung) das Antlitz der Mutter."[102] Dazu wäre vielleicht noch von Interesse, dass Neugeborene den Geruch der Mutter aus deren Körper nach der Geburt wiedererkennen, ein Tatbestand, der möglicherweise im Sinne einer möglichst auf Geborgenheit und die Entwicklung einer unbedingten Vertrautheit abzielenden kindlichen Entwicklung (bei der 'paritätischen' Verteilung der Eltern auf ihr Kind) doch berücksichtigt werden sollte, es sei denn, man bevorzugt die Methode, das Kind möge sich doch im Rahmen seiner Primärsozialisation bitte an neue Gerüche und Umstände im Sinne einer auf Gleichheit abzielenden elterlichen Sekundärsozialisation gewöhnen...

Das Kind (d. Verf.) „kommt als ein Bündel von Bedürfnissen zur Welt und braucht unbedingt die Wärme menschlicher Arme, wachsamer Augen und liebkosender Berührung. Brutkästen und elektrische Wärme sind nur ein unzulänglicher Ersatz dafür, und die

---

[102] Ernst, H. (1993), S. 107

Berührung mit kalten Instrumenten kann eine Folter sein. Das Baby braucht die Gewißheit, daß es in jeder Situation beschützt wird, daß sein Kommen erwünscht war, daß sein Schreien gehört, seine Blicke beantwortet und seine Angst beruhigt werden. Es braucht die Sicherheit, daß sein Hunger und Durst gestillt, sein Körper liebevoll gepflegt und seine Not niemals ignoriert werden"[103] – und A. Miller hätte noch hinzufügen können, ohne jegliche Gegenliebe vonseiten des Kindes zu erwarten! Mit ziemlicher Sicherheit hat sie hier an Mutter und Vater gedacht und das, auf die ersten Monate des Kindes bezogen, wohl auch in dieser Reihenfolge. „Die Mutter ist die entscheidende Verbindung, die Brücke zur Welt: Sie ermöglicht den Übergang vom rein körperlichen Vegetieren zum seelisch-geistigen Erleben zur sozialen Kontaktaufnahme".[104] Der 'Beweis', dass die leibliche Mutter durchaus ersetzt werden könnte, ist einigermaßen zu vernachlässigen, denn welcher Mensch hat sich jemals dazu äußern können, wie er sich in den ersten Monaten (z.B.) seines Lebens von seinen Bezugspersonen behandelt gefühlt hat! Wer nun Mutter und Vater durch Elternteil 1/Elternteil 2 ersetzen will und die Mutter zudem durch Gebärende, verfolgt offenbar das Ziel, den Neugeborenen die Eltern wegzunehmen! Aber das spielt ja keine Rolle, denn Kinder können sich dazu ja (noch) nicht äußern!

Und würden dann auch noch alle Menschen, was ihre kognitiven und emotionalen Strukturen angeht, von Geburt an in etwa gleich begabt sein, so reichte es natürlich aus, die finanziellen Zuwendungen für die ärmeren Elternhäuser entsprechend zu erhöhen, alles andere kommt ja dann sowieso von selbst, denn nach Auffassung der modernen Bildungsideologinnen/Ideologen korrelieren die großen (weiter zunehmenden) Bildungsdefizite eines Teils der Bevölkerung ja nahezu ausschließlich mit dem materiellen Reichtum der Erziehungsberechtigten. Eine allzu simple,

---

[103] Miller (1988), S. 7

[104] Schmidt-Rogge (1969), S. 75 f.

Monokausalität nicht überschreitende Reduktion von Ursache und Wirkung, indem das Allerwichtigste für die Primärsozialisation eines Kindes, nämlich der geistige und emotionale Reichtum der Erziehungsberechtigten, bewusst außer Acht gelassen wird. Hinzu kommen dann noch die schon im frühen Kindesalter sich zeigenden Eigenschaften und Charakterzüge, die eine Zwangsläufigkeit der Anlage sichtbar machen, „der der Mensch nicht entrinnen kann. Durch sie ist er in seiner Artung abgründig verschieden“[105]!

Dass es der überaus modernen und 'fortschrittlichen' Schulpolitik und all ihren Helfershelfern (einschließlich eines Großteils der völlig kritiklosen Medien) nun inzwischen gelungen ist, die Zahl der Analphabeten in Deutschland auf ca. 7 Millionen steigen zu lassen, wobei diese vorwiegend hier zur Welt kamen, müsste die Republik (und besonders die Medien!) doch eigentlich in helle Aufregung versetzen, denn es herrscht in Deutschland doch immerhin Schulpflicht! Oder ist das etwa gar nicht so wichtig und sollte möglicherweise nicht so ernst genommen werden?

Die mit der ideologisch begründeten Auswahl der Lehrer in erheblichem Maße zusammenhängende Überforderung zahlreicher Lehrkräfte und die damit verbundene 'Zurückhaltung' gegenüber den Eltern von Schulverweigerern in Verbindung mit einer falsch verstandenen Imagepflege von Schulleitungen, die, ganz nach dem Muster der früheren DDR, lieber Planerfüllung nach oben melden, kann hier sicherlich einiges erklären, wenn auch nicht alles.

Im Jahre 1910 gab es in Deutschland 0,02% Analphabeten, dafür haben wir heute eine über weite Strecken ideologisch-sozialistische Schulpolitik, die sich um wichtigere Dinge kümmert und ganz andere Schwerpunkte setzt! So sollen Lehrer z.B. lernen, wie man Kindern(!) lehrt, lebenslang zu lernen, während man nicht in der

---

105 Jaspers (1955), S. 237

Lage ist, eine elementare Grundlage jeden Lernens, nämlich die Lesefähigkeit (wunderbar anhand von literarischen Texten praktizierbar), auf ein Mindestmaß anzuheben – ein natürlicher Boden für alle weiteren Bildungsziele, wobei man wissen sollte, „daß die Leichtigkeit des Lesenlernens proportional ist der Fertigkeit des Sprechens“[106]! Nachdem diese Bildungspolitik der „Unbildung“, wie Liessmann das zurecht nennt, nun seit Jahrzehnten unter dem Deckmantel ‘gleiche Bildungschancen für alle‘ praktiziert wird, kommt man/frau dann im Jahre 2022 von offizieller Stelle der Kultusministerien doch nicht mehr umhin, zuzugeben, dass neben den Analphabeten, die hierbei natürlich unerwähnt bleiben, mindestens noch weitere 25% der Viertklässler kaum lesen können! „War es nicht sehr modern, in den letzten Jahren Lesen, Rechnen, Schreiben und Denken (Problemlösungskompetenzen heißt das nun) als antiquierte Fähigkeiten zu denunzieren? (…) Wer immer in den letzten Jahren (…) konstatierte, daß es mit der Lesefähigkeit des Nachwuchses nicht zum Besten bestellt sei, wer forderte, daß sich die Schule auf die Vermittlung zentraler kognitiver Fähigkeiten konzentrieren sollte, anstatt unter dem Diktat eines mutwillig vom Zaun gebrochenen rituellen Wettbewerbs mit Lustbarkeitsangeboten aller Art zu werben, wurde als Kulturpessimist, als rückständig und reaktionär gebrandmarkt.“[107] Wobei das Lesen ja unbedingt schon in den Kindertagesstätten, noch besser zu Hause beginnen sollte, „denn Kinder, denen man täglich vorliest, verfügen tatsächlich über einen größeren Wortschatz. Sie sind in ihrer sprachlichen Entwicklung im Vergleich zu ihren Altersgenossen weiter“[108]. Und zur besonderen Unterweisung einer grün-ideologisch motivierten Pädagogin modernen Zuschnitts, die Kinder vor diesen angeblich schreckenerregenden Geschichten bewahren möchte, sagt Spitzer:

---

[106] Otto (1963), S. 10

[107] Liessmann (2010), S. 77

[108] Spitzer (2022), S. 57

„Da sind die Märchen mit ihren Protagonisten, denen ein einziges Auf und Ab, denen Schlimmstes und Bestes widerfährt. Vom Tod bis zum Goldregen. Alles kommt im Märchen vor. Für Kinder ist das herrlich, denn durch das Imaginäre, das gedankliche Nacherleben können sie ein Gefühl für reale emotionale Erlebnisse bekommen. Für ihre eigenen emotionalen Erlebnisse. Durch diese Geschichten lernen sie, ihre Gefühle zu verorten, sie einzuordnen und sie besser zu handhaben. Märchen, Geschichten und Erzählungen sollten also einen festen Platz in der Entwicklung der Kinder haben."[109]

Um der von Piaget an sich zurecht geäußerten Befürchtung, das Denken könnte hinter einem nur rein formal ablaufenden Lesen bei Kindern zurückbleiben, erfolgreich zu begegnen, ist, über die Vermittlung von Freude am Lesen hinaus, unbedingt zu beachten, grundsätzlich Erzählungen zu wählen, die analysiert werden und über die zusammenhängend nachgedacht und diskutiert werden kann. Nicht auszudenken, wenn Lehrerinnen und Lehrer es als Erfolg verbuchen, endlich Literatur entdeckt zu haben, die alle Schüler auf Anhieb verstehen! Demgegenüber ist Doris Lessing grundsätzlich unbedingt zuzustimmen, wenn sie betont, dass „das Buch nur dann lebendig und kraftvoll und befruchtend ist, fähig, Gedanken und Diskussion zu fördern, wenn sein Entwurf, seine Form und seine Intention nicht verstanden werden, denn der Moment, in dem Form und Entwurf und Intention verstanden sind, ist auch der Moment, in dem nichts weiter herauszuholen ist"[110]!

Aber die 'fortschrittlichen' Wissensvermittler eines Pisa-konformen Deutschunterrichts wenden sich neuerdings doch tatsächlich vermehrt Texten mit verwertungstauglichen Informationen zu; anstatt den Sinn für verschiedene Möglichkeiten und somit das

---

[109] Spitzer (2022), S. 98 f.

[110] Lessing (1982), S. 26

Denken zu fördern, soll es nun vorrangig um Texte gehen, die sich lernen und abfragen lassen! Dabei schreckt man teilweise nicht einmal vor Multiple-Choice-Aufgaben zurück – und das Fach heißt immer noch Deutsch!

Mit was für einem Dilettantismus man es inzwischen in diesem Fach in Deutschland zu tun hat, dürfte allein dadurch schon deutlich werden, dass zur Verbesserung der Lesekompetenz bei Schülern doch allen Ernstes Lehrerfortbildungen angeboten werden sollen, die mit an Sicherheit grenzender Wahrscheinlichkeit (Lehrer sind ja alle gleich…) vorrangig auf Methodik abzielen. Dabei geht es eben nicht nur beim Lesen(-lernen), aber besonders dort, um Atmosphäre auf der Grundlage vorwiegend affektiv dominierter Bedingungen! „Lesen braucht Lange-Weile, lange Zeit. Wie sollte es der Schule gelingen, Langeweile herzustellen – oder wenn Sie es wertfreier wollen: Muße. Der Lehrer wird dabei beweisen müssen, dass es um Bedeutendes geht und Sinnvolles. Er wird den Beweis antreten müssen, dass Lesen nicht langweilig ist"![111] Sollte es nun daraufhin doch einige Lehrkräfte geben, die vor dem Hintergrund dieser Erkenntnis ihre Langeweile tatsächlich einmal dazu nutzen, über sich und ihre Wirkung auf die Entwicklung kommunikativer Prozesse (i.d.F. das Lesen) bei Kindern und Jugendlich konstruktiv nachzudenken, so ist eine von Herrn S. Bernfeld, ein leidenschaftlicher Befürworter des Sozialismus, bereits vor Jahrzehnten geäußerte Meinung voraussichtlich jederzeit geeignet, Betreffende sogleich wieder vom (Nach-) Denken zu befreien: „Ich kann tatsächlich nicht finden, daß die allgemeinste Kenntnis des Lesens und Schreibens verdiente, als Fortschritt gewertet zu werden. Ich finde Analphabeten nicht schlimm, wenn sie nur im Übrigen 'gebildet' sind"[112]! „Wer meint, die Welt retten zu müssen, sollte es in seiner Freizeit tun, aber nicht, wenn er als Lehrer vor seiner Klasse

---

[111] P. Bichsel (1997), S. 27 - 44

[112] Bernfeld (1967), S. 121

steht. Da soll er den Schülern lesen, schreiben und rechnen beibringen, nicht das Parteiprogramm der Grünen."[113] Das „Im Übrigen" des Herrn Bernfeld lässt sich im Hinblick auf den linksgrünen 'Fortschritt' der Gegenwart leicht einordnen. Die Spatzen pfeifen es seit langem von den Dächern, dass 'Gendern' und die ideologisch richtige Haltung zum Klimawandel die wichtigsten Lernziele aus Sicht dieser Ideologie sind. „Die jungen Menschen finden nicht die Worte, die ihnen die Augen für die komplexe und vielfältige Wirklichkeit öffnen würden, weil die Schule ihnen diese Wörter nicht mehr zur Verfügung stellt. Wenn die Lehrer zu ihrer Verantwortung stünden, würden sie jeden Tag der Woche dieser Aufgabe widmen, statt (…) sich von bildungsfernen Parolen einschüchtern zu lassen."[114] Man stelle sich nur einmal einen etwa 20jährigen Menschen vor, der zwar einerseits weder lesen noch schreiben kann und dessen kognitive und emotionale Strukturen nicht arbeitsmarkttauglich sind, aber andererseits fehlerfrei und flüssig gendert und sich zudem – stets selbstklebende Gendersternchen mit sich führend – immer, wenn er auf Mitbürger trifft, vehement und mit kompromisslosem Nachdruck gegen eine biologisch gesicherte Zwei-Geschlechter-Theorie ausspricht! Müsste das nicht ausreichen für eine lebenslange Grundsicherung?

Entsprechende Weltanschauungen bedürfen der simplen Mittelmäßigkeit, wenn nicht gar des Mitläufers, denn sie möchten ja mit einem an Religion erinnernden Dogma unhinterfragt Wirkung erzielen und das, wie bei Ideologien üblich, bezeichnenderweise vor allem auch (früh) bei Kindern, indem man bewusst jeden Hinweis auf eine vorliegende hohe Komplexität der jeweiligen Thematik und jederzeit diskussionswürdige Zukunftsprognosen sowie eine damit verbundene Notwendigkeit des Diskurses in Sachen Klimapolitik und Energiegewinnung vermeidet, während ein autonom

[113] Bolz (2023), S. 84

[114] Finkielkraut (2023), S. 167

denkender, kommunikativ kompetenter Mensch, der seine Unabhängigkeit im Sinne von Kant dazu nutzt, letztlich allein seiner Vernunft zu folgen, da für ihn nur sie Vorgabe seines Handelns sein kann, hierfür keinerlei Nährboden liefert und genügend Sensibilität dafür entwickelt, wenn Demokratie und vor allem der Rechtsstaat in Gefahr sind! „Klimapolitik (…) ist subjektiv, unscharf und verhandelbar. Wer beides bewusst miteinander vermischt oder gar gleichsetzt, gewinnt vielleicht die Sympathien der Öffentlichkeit (der Kinder d. Verf.), aber er missbraucht damit die Wissenschaft für populistische Zwecke“[115]! Wer ausschließlich Moral und Gutmenschentum in Verbindung mit Deutungshoheiten aller Art für sich beansprucht, will nicht diskutieren und denken schon lange nicht!

Dabei reichen die intellektuellen Kompetenzen einiger Utopisten grüner Politik nicht einmal so weit, zu erkennen, dass auch ihr ‘Fortschritt‘ immer nur ein relativer Begriff sein kann. Selbst die Nazi-Ideologie wurde von einer Mehrheit in Deutschland als ‘fortschrittlich‘ begriffen und eine der wenigen Sätze, die Erich Honecker frei sprechen konnte, war: „Vorwärts immer, rückwärts nimmer“! Und K. E. von Schnitzler: „Wer von Rostock nach Hamburg reist, verlässt den Fortschritt in Richtung Rückschritt“! Ebenso lächerlich war die Äußerung eines CSU-Mitglieds nach dem Fall der Mauer, Ludwig Erhard habe über Karl Marx gesiegt! „Utopisten sind beseelt davon, dass es für die Gesellschaft einen perfekten, vollkommenen Endzustand gibt“[116], das gilt in Bezug auf die Klimakrise, aber eben auch für andere Problemfelder. Besonders deutlich zeigt sich dieser Wahnsinn (oder sollte man lieber sagen Unsinn?) auch beim überaus ‘fortschrittlichen‘ Umgang mit dem Schwangerschaftsabbruch! Während die moderne Ethik in Deutschland (jederzeit berechtigt) das Töten von männlichen Küken

---

[115] Ebert (2022), S. 31

[116] Ebd., S. 102

verbietet, soll möglichst nicht (mehr) darüber diskutiert werden, inwieweit bei einer Abtreibung möglicherweise doch sich entwickelndes Leben im Körper der Frau zerstört wird. Aber damit nicht genug… Wenn in Warschau, wie mehrfach geschehen, z.B. 'ganze' 324 Frauen auf der Straße für eine Freigabe des Abbruchs einer Schwangerschaft demonstrieren – natürlich ihr gutes Recht –, weiß die ARD das durchaus für einen längeren Bericht zu nutzen, den eine Kommentatorin mit der Bemerkung abschließt, die große Mehrheit der Frauen in Polen sei noch nicht so weit! Auch somit wird wieder einmal eine Art Zwangsläufigkeit suggeriert! Kann Anmaßung eigentlich noch größer sein?

Dagegen gibt es in diesem Sinne keinerlei Zwangsläufigkeit im Verlaufe der Entwicklung des Menschen; das ist etwas völlig anderes, wenn Kant davon spricht, dass der Mensch im Rahmen eines „Antagonismus" letztlich zu einer „fortschrittlichen Bewegung" der Geschichte beitrage! „Fortschritt gibt es nur im Verstandeswissen – eine Bewegung, die an sich bloße Chance ist sowohl zur Vertiefung wie zur Verflachung des Menschen, auch sie ein Moment der unablässigen Bewegung in der Zeit, nicht der Sinn der Bewegung selbst."[117] So ist durchaus denkbar und es deutet einiges darauf hin, dass sich diese Gattung wieder in die Zeit vor der Aufklärung zurückentwickeln könnte, was sie dann jedoch aller Voraussicht nach nicht daran hindern wird, wahrscheinlich wieder einen neuen Anlauf in Richtung der eigenen Mündigkeit im Sinne von Kant zu nehmen, wobei beides, sowohl der intellektuelle Rückschritt als auch der Fortschritt, von den jeweils zu dieser Zeit Herrschenden sowie ihren Geldgebern natürlich als absoluter 'Fortschritt' angepriesen würde, und die Mehrheit der Karrieristinnen und Karrieristen, Gleichgestellten sowie Mitläuferinnen und Mitläufer stimmte selbstverständlich wieder im Chor mit ein! Jeder Mensch, unabhängig davon, welcher Fraktion

[117] Jaspers (1955), S. 235

oder welcher Generation er zugerechnet wird, der von zwangsläufigen Entwicklungen sowie unumstößlichem 'Fortschritt' bis hin zu Endgesellschaften spricht, ist mit äußerster Vorsicht zu genießen, denn er liebt die Wahrheit nicht und ist ein Feind des Menschen! Hierzu u.a. Pascal: „Die Natur des Menschen ist eben nicht so, daß sie immer vorwärts ginge, sie hat ihr Hin und Her."[118]

Auf einer Ebene weiter unten gilt das auch für Menschen, die aufgrund neuester Kenntnisse von Einzelheiten vergangene Geschehnisse als voraussehbar darstellen (wollen). So nachvollziehbar eine gewisse Wahrscheinlichkeit einer möglichweise bevorstehenden kriegerischen Auseinandersetzung zwischen Russland und der Ukraine unter Einbeziehung der u.a. von Frau Kemfert besonders betonten Fakten spätestens nach 2014 auch war, so unwissenschaftlich ist es doch, hier – rückwirkend –, einer vorhersehbaren Zwangsläufigkeit das Wort zu reden, wenn vieles auch hätte anders verlaufen können, was nicht notwendigerweise 'besser' bedeuten muss, da niemand die Folgen anderer Verläufe kennt! Kein noch so eingefleischter atlantisch orientierter Historiker wird bestreiten, dass sich die USA im Laufe der Putin-Ära in einigen Phasen ihrer außenpolitischen Strategien auch hätten anders verhalten können. Und nichts gegen B. Obama – wahrscheinlich einer der gebildetsten US-Präsidenten überhaupt –, aber es ist einigermaßen sicher, dass selbst R. Reagan es aus rein strategischen Gesichtspunkten in jedem Fall vermieden hätte, Russland als 'Regionalmacht' zu betiteln, selbst wenn objektiv vieles dafür sprach und er davon überzeugt gewesen wäre! Und so ganz nebenbei als Nachhilfe für Frau Baerbock: Auch Bismarck hätte sich gegenüber einem Ausland niemals so in Szene gesetzt! Möglicherweise nur Randnotizen und lange her, aber seitdem ist so manches Abkommen zwischen den USA und Russland nicht verlängert oder sogar gekündigt worden. Dass Emotionen nicht selten großen Einfluss auf

---

[118] Giesz, L. (1990), S. 123

Politik nehmen und auch das, was der Mensch Zufall nennt, dürfte jedenfalls inzwischen jedem Historiker bekannt sein, auch wenn das nicht selten recht simple Gedankengut eines reinen Empirikers dem nur schwerlich zugänglich sein mag.

Die große Stärke der sich langsam(!) mehr und mehr entwickelnden diplomatischen Kompetenzen zwischen Ost und West zu Beginn der siebziger Jahre war im Rahmen der neuen Ostpolitik die Erkenntnis (vor allem der Vertreter westlicher Demokratien), dass es bis zu einem gewissen Grad nicht zielführend (für die Menschen!) sein kann, das Reich des 'Bösen' immer gleich mit dem 'Gutmenschentum' des Westens zu konfrontieren! So gestanden sich die USA und die SU gegenseitig ihre 'Hoheitsgebiete' zu in der Überzeugung, dass nur so Frieden zu halten sein würde, der, wie man heute weiß, trotzdem noch oft genug auf des Messers Schneide stand. Welche Rolle die weltweiten Proteste gegen den Vietnam-Krieg und der entsprechend zunehmende Antiamerikanismus bei der Entwicklung von 'Wandel durch Annäherung' gespielt haben (Bonn hatte dafür ja ausdrücklich aus Washington grünes Licht bekommen), ist schwer zu beurteilen, aber so ganz ohne Einfluss wird das auf die US-Außenpolitik vermutlich doch nicht geblieben sein. Wenn man/frau bedenkt, dass die Wissenschaftlerin Frau Kemfert den Einmarsch der USA im Irak als lediglich „völkerrechtlich fragwürdigen Krieg" bezeichnet, müsste dann nicht angenommen werden, dass sie auch das Wüten in Vietnam und die Bomben über dem Norden, die das Bombardement der Westmächte während des gesamten Zweiten Weltkriegs über Deutschland noch übertroffen hatten, auch so relativierend und nachsichtig einschätzen würde? Nicht nur vor diesem Hintergrund verdienen Precht/Welzer großes Lob, dass sie daran erinnern, wie die deutschen 'Leitmedien' bis zum Frühjahr 1968 die Version der USA übernahmen, „in Saigon werde die Freiheit des Westens gegen den Kommunismus verteidigt“[119]!

Selten finden Kriege zwischen Gut und Böse statt, die der Böse schon immer hatte beginnen wollen, sondern sind das Ergebnis ungelöster Interessengegensätze, die nach dem Fall der SU auch zwischen Europa und den USA zugenommen hatten. Von der Wirkung zusammenhängender Geschehnisse in der Vergangenheit mit dem nun vorhandenen ‘neuen‘ Wissen auf Zwangsläufigkeit abzuheben, mag Klugheit vermitteln, ist insofern aber unwahr, da die Erscheinungsformen selbst im Einzelnen und in ihrem Verhältnis zueinander durchaus hätten anders verlaufen können und der Mensch niemals ganz und gar in die Vergangenheit vorzudringen vermag, gleichwohl ein entsprechendes Bemühen, dieses zunächst wenigstens anstreben zu wollen, um zu annähernd gesicherten Erkenntnissen zu gelangen, den Menschen zunächst wenigstens davon abhalten könnten, ein Handeln im engeren Sinne vor das Denken zu stellen! In etwa das Gegenteil zeigt Frau Baerbock, nachdem sie sich (offenbar sehr kurz) in die Vergangenheit des Reichskanzlers Bismarck begeben zu haben scheint, was dazu führte, dass das Bild dieses alten weißen Mannes jüngerer deutscher Geschichte, dessen Wirken Frau Baerbock offenbar aus ihrem klitzekleinen Blickwinkel glaubte beurteilen zu können, aus dem Zimmer des Auswärtigen Amtes verschwinden musste! Nun verbietet sich ein direkter Vergleich von Politikern z.B. des Jahres 1889 mit einem der Gegenwart unter historischen Gesichtspunkten ja sowieso, aber davon einmal abgesehen könnte für eine Außenministerin der Bundesrepublik Deutschland doch einigermaßen interessant sein, dass der Erste Weltkrieg, hätte Bismarck seine Außenpolitik, im Gegensatz zu Wilhelm, fortsetzen können, (zumindest zu diesem Zeitpunkt) wahrscheinlich nicht ausgebrochen wäre! Und ganz sicher, dieser direkte Vergleich sei hier

[119] Precht & Welzer (2022), S. 112

einmal erlaubt, wäre Bismarck als Bundesaußenminister nicht auf die Idee gekommen zu erklären: „Wir führen einen Krieg gegen Russland und nicht gegeneinander“! Wieder einmal fehlt es der ach so werteorientierten Außenministerin der Bundesrepublik an jeglicher Achtung vor der Geschichte, von Demut ganz zu schweigen! Aber woher sollten diese Tugenden auch gekommen sein?

Seit den Nazis und der SED hat es in Deutschland keine politische Gruppierung gegeben, die wie die links-grüne Ideologie wissenschaftliche Erkenntnisse und historische Gegebenheiten zur radikalen Maxime erhebt, wenn sie der religiös-ideologischen Zielsetzung dienlich erscheinen, und radikal ablehnt, wenn es ihr widerspricht! Friedrich Schiller nennt das zurecht „den Begebenheiten Gewalt antun“!

Nach einer Umfrage des Instituts für Demoskopie Allensbach fühlen sich mittlerweile 40% der Hochschullehrer in Deutschland vom Zeitgeist eingeschränkt, wobei deren Vertreter in einigen Fällen sogar daran gehindert werden, bestimmten Forschungen nachzugehen! „Wo kommen wir denn da hin, wenn Wissenschaft es wagt, selbstständig, kritisch und darüber hinaus noch nicht einmal genderkonform zu sein.“[120] Während Precht/Welzer einen ‘links-grünen Mainstream‘ erstaunlicherweise nicht entdeckt haben wollen, so ist ihnen dahingehend zuzustimmen, dass er weniger „parteipolitisch einseitig“ ist als „binär: entweder – oder!“[121] Aber in welcher politischen Gruppierung (das muss nicht auf eine Partei beschränkt sein) findet man das zurzeit in dieser Eindeutigkeit? Wer überzeugt ist, die Welt auf eine (seine!) Art retten zu müssen, macht keine Kompromisse[122] Aber eine Demokratie muss den

---

[120] Hahne (2022), S. 48

[121] Precht & Welzer (2022), S. 140 ff.

[122] Vgl. Ebert (2022), S. 102

Kompromiss auch oder gerade gegenüber 'Weltverbesserern' aller Art einfordern! In dieser Hinsicht erübrigt es sich ja wohl, darüber nachzudenken, aus welcher politischen Richtung sich die 40 Prozent größtenteils eingeschränkt bis bedroht fühlen! Mag man sich vorstellen, wie die bundesdeutschen Medien sich gegenseitig übertroffen hätten, wenn ähnliche Zustände in der DDR bekannt geworden wären?

Warum nimmt sich der angeblich so kritische Journalismus dieses für die Entwicklung der BRD so wichtigen Themas nicht stärker an? Ist man selbst zu sehr in seiner Meinung festgefahren oder gibt es wichtigere Themen? Oder befürchtet man, im Mainstream der Kolleginnen sozusagen unterzugehen? Oder unterliegt man inzwischen einer Perversion, zu meinen, solche Missstände dürften in einer Diktatur nicht vorkommen, aber in 'ihrer' Demokratie schon?

Dieses Dilemma zeigt sich in erster Linie bei den Agitationen rund um den Klimaschutz! „Dass heutzutage junge Aktivistinnen die Weltrettungs-Debatte mit teilweise radikalen Forderungen bestimmen, liegt nicht unbedingt daran, dass sie uneingeschränkt Recht haben, sondern, dass es so viele Erwachsene nicht wagen, sie in einer sachlichen Diskussion herauszufordern"! In Anlehnung an Kant darf wohl angenommen werden, dass es hier eher am Mangel des Mutes oder gar einer Bequemlichkeit liegt und weniger am Mangel des Verstandes, denn die beschriebenen radikalen Forderungen basieren auf äußerst simplen Gedankengängen[123]!

Aber auch die (sich mehr und mehr entwickelnde) links-grüne Schulpolitik der Gleichmacherei mit ihren permanent sinkenden Anforderungen bei den elementaren Grundtugenden des Lernens gehört ganz sicher zu diesen Skandalen, die von Medienseite allzu

[123] Vgl. Weischedel (1964), S. 53 ff.

gern ausgeklammert werden, denn „eine Schule, die aufgehört hat, ein Ort der Muße, der Konzentration, der Kontemplation zu sein, hat aufgehört, eine Schule zu sein"![124]

Wie steht es mit der SPD? Nimmt man diese Entwicklung überhaupt noch wahr? Darf darüber parteiintern wenigstens noch diskutiert werden oder geht auch hier bei einigen Mitgliedern schon die Angst um, es sich mit dem jeweils grünen Koalitionspartner verderben zu können und Karrierechancen zu verspielen?

Ganz sicher jedoch nimmt jeder Zuschauer, Zuhörer oder Leser wahr, dass Herr Kevin K. sich darüber beklagte, er habe während der Corona-Krise als Homosexueller große Probleme, einen Partner zu finden! Und dass eine SPD-Frau, die gerade überführt worden war, ihre Doktorarbeit weitgehend abgeschrieben zu haben, bereits kurze Zeit später von ihrer Partei auserkoren wurde, sich in der deutschen Hauptstadt als Bürgermeisterkandidatin zu präsentieren, zeigt, in welche Richtung sich die Partei, die einst als einzige Fraktion gegen das Ermächtigungsgesetz gestimmt hatte, auf den Weg gemacht hat, ganz abgesehen davon, dass die Bürgermeisterin der Hauptstadt der Bundesrepublik Deutschland sich dann während ihrer Amtszeit mit Grünen und Linken von diesen immer wieder sozusagen an der Nase herumführen ließ. Eine der vielen Glanzpunkte während dieser Koalition war sicherlich der Auftritt der Kreuzberger Bürgermeisterin, die sich beim Besuch einer von Klebechaoten bewirkten Verkehrsstraßensperre vor Ort demonstrativ mit den Verkehrsrowdys identifizierte, während sie die Polizei immerhin ungestört daran arbeiten ließ, die Chaoten aus ihrer selbst erwählten Unbeweglichkeit mithilfe von Chemikalien zu befreien. Zudem leistete man sich eine Verteidigungsministerin, die sich jenseits von Gut und Böse bewegte und eher an das Aushängeschild einer Bananenrepublik erinnerte, von den immer

124 Liessmann (2010), S. 62

wieder auftretenden (erheblichen!) Gedächtnislücken eines mehrfach einknickenden Kanzlers sowie der kaum unterschreitbaren Inkompetenz seiner Innenministerin ganz zu schweigen! Welch' absurdes Theater!

Während die Partei von Willy Brandt all das locker aushält, war sie nicht in der Lage, eine Mitgliedschaft von Sarrazin länger zu ertragen! Dass dieser sich (begründete!) Sorgen macht um den weiteren relativ unkontrollierten Flüchtlingsstrom aus muslimisch orientierten Kulturkreisen in Verbindung mit zu erwartenden Nachwuchszahlen, hat zunächst einmal mit einer Weltanschauung oder gar einem Rassismus nichts zu tun, es ist lediglich das Ergebnis einer relativ leichten Mathematikaufgabe! Ähnlich, als wenn Soziologen oder Politiker, die Verantwortung gegenüber ihrem Staat tragen, auf die Binsenwahrheit hinweisen, dass mit der Aufnahme muslimisch gläubiger Menschen der Antisemitismus zwangsläufig zunimmt! Oder wenn Frau Göring-Eckardt betont, es werde aufgrund der Zuwanderer in Deutschland 'religiöser' werden, wobei sich die unbedingte Richtigkeit dieser Prognose bereits Anfang Februar 2023 in Hamburg zeigte, als ca. 3500 vorwiegend junge (zumeist männliche) Demonstranten (keineswegs zurückhaltend!) u.a. für einen Kalifat-Staat eintraten! Auch ist bereits einem Viertklässler, der in jungen Jahren bereits, trotz gegenteiliger Bestrebungen moderner ‚Pädagogik', sozusagen von Hause aus kognitive Strukturen bilden durfte, vollkommen klar, dass eine zunehmende Aufnahme von (vorwiegend unbemittelten) Flüchtlingsfamilien zwangsläufig auch eine stärkere Kinderarmut zur Folge hat. All diese Prognosen bewegen sich auf einer Linie! „Richtiges wird nicht falsch, nur weil es vom Falschen gesagt wird"[125], zunächst einmal völlig unabhängig davon, mit welcher Intention das erfolgt! Über so etwas muss sich eine Partei wie die SPD Gedanken machen und müsste es doch aushalten, einen Mann

---

125 Ebert (2022), S. 11

wie Sarrazin in ihren Reihen zumindest zu dulden, wobei der größte Teil der SPD-Mitglieder vermutlich keines der Bücher von Sarrazin gelesen hat! Ähnlich verhält es sich mit Gerhard Schröder; überhaupt auf die Idee zu kommen, den ehemaligen Bundeskanzler, der sich immerhin gegen den Irak-Krieg gestellt hatte, allein deshalb aus der SPD ausschließen zu wollen, nur weil er eine andere Auffassung als der mediale Mainstream in der BRD zum Krieg zwischen Russland und der Ukraine äußert, ist ein Skandal und wird dieser Partei mit ihrer großen Geschichte nicht (mehr) gerecht! Anders verhält es sich natürlich mit Schröders Verflechtungen bei Gazprom und weiteren geschäftlichen Transaktionen, das steht außer Zweifel.

Wo bleibt die Größe dieser Partei, die es sich sogar leistete, vor dem Hintergrund des NATO-Doppelbeschlusses den damals regierenden Helmut Schmidt in seiner Position in arge Bedrängnis zu bringen, was möglicherweise später sogar (zumindest indirekt) die FDP, mit dem stets nach dem Wind schauenden Genscher als Fürsprecher, dazu ermunterte, gegen den Wählerwillen von 1980 die Koalition zu verlassen.

Eine Partei, die bisher immer über Streitkultur verfügte, war die SPD! Wenn Sarrazin, der für seine Partei so ganz nebenbei jahrelang nicht selten so etwas wie Knüppelarbeit geleistet hat, und inzwischen Millionen andere in unserem Land eine zu befürchtende Ausbreitung der grünen Ideologie beklagen, so tun die meisten das nicht, weil sie persönlich Angst hätten oder gar um ihr Leben fürchten! Es ist hochgradig unverschämt und übelste Ideologie, wenn man Bedenken weiter Teile der Bevölkerung gegenüber einer zunehmenden Radikalität links-grüner Politik auf angeblich vorhandene Angst des Einzelnen vor fremden Kulturen reduziert! Auf diesem äußerst niedrigen Niveau fanden dann auch 2015/16 monatelang in den öffentlich-rechtlichen Fernsehanstalten (nicht selten bei A. Will) Diskussionen statt, in denen die Ideologinnen der grünen Partei (Frau Roth, Frau Peters, Frau Göring-Eckardt) immer wieder heuchlerisch Verständnis für die Ängste der Bürger (vor fremden Kulturen) zeigten, um wenige Sätze später bereits eine Weiterführung geöffneter Grenzen für Flüchtlinge nach Deutschland und eine Ablehnung jeglicher Kontingentierung zu propagieren. Bei Frau Peters handelt es sich übrigens um diejenige, die bei Verhaltensauffälligkeiten von muslimisch Gläubigen (nicht zuletzt gegenüber Frauen) stets eine Durchführung von Integrationskursen anmahnte! Sogar aufgrund der Bilder zum Jahreswechsel in Köln ging ihr Vorschlag sogleich in diese Richtung! Böse Zungen behaupteten damals, sie habe so etwas wie Wochenendkurse an der Volkshochschule gemeint – natürlich auf freiwilliger Basis! Aber auch Herr Gabriel stand Frau Peters mit seinem Vorschlag, man möge doch Auszüge des Grundgesetzes in den Flüchtlingslagern verteilen, nur unwesentlich nach. Wie einfach kann aus der Distanz doch die Welt sein!

So wenig der Kritik von Precht/Welzer in Anlehnung an das Forscherteam 'Maurer' über den Umgang der drei 'Leitmedien' mit der 'Flüchtlingskrise' zu widersprechen ist, so kann ein regelmäßiger Fernsehzuschauer zur entsprechenden Zeit zumindest für die ARD keineswegs bestätigen, dass hier die Zuwanderung 'überwiegend negativ' behandelt wurde/wird. Und in Bezug auf die Wirkung darf nicht außer Acht gelassen werden, dass eine Zurückhaltung von Nachrichten, von denen man befürchtet, sie könnten eine Integration von Einwanderern gefährden – so berechtigt das auf den ersten Blick auch sein mag –, auf die Dauer nicht selten das Gegenteil der Absicht bewirkt. So waren Polizisten (zumindest in einigen Bundesländern) wochenlang angehalten, nicht in Flüchtlingsheimen nach Verdächtigen im Rahmen von Terrorismusfahndungen zu suchen, wofür einiges zu sprechen schien, aber wenn die einfachen Polizisten davon an Stammtischen oder Sportstätten oder gar vor einem Mikrophon erzählen, ist die Empörung natürlich groß und das Vertrauen schwindet –

vornehmlich bei denen, die ohnehin schon skeptisch waren. Ein Polizist aus NRW erzählte auf Nachfrage, dass er, wäre er ein radikaler Islamist, in einer Unterkunft von Flüchtlingen den sichersten Unterschlupf fände, nur seine Vorgesetzten an höchster Stelle wüssten das offenbar nicht. Wenn heute Krimis gedreht werden mit der erzieherischen Zielsetzung, den deutschen Fernsehzuschauer von seinen Vorurteilen zu befreien, dass Zugereiste eher zu Gesetzesübertretungen neigen würden als Einheimische, indem man den Ausländer zunächst einer Verdächtigung aussetzt, was sich zum Schluss jedoch als Irrtum herausstellt, so darf das auf keinen Fall zur Regel werden, denn auf die Dauer wird das langweilig, verliert jegliche gut gemeinte Wirkung und nimmt geradezu peinliche Formen an! Damit hat man sich dann in eine Art Teufelskreis begeben, denn ein Film mit gegenteiligem Ausgang verbietet sich nun natürlich ebenfalls…

Auch das monatelange Zurückhalten des Soko-Casablanca-Berichts vonseiten der Kölner Polizei in Bezug auf die Vorkommnisse in der damaligen Silvesternacht mag einem gewissen Verantwortungsbewusstsein im Hinblick auf ein besseres Gelingen von Integration geschuldet gewesen sein, nicht zuletzt auch vor dem Hintergrund bereits lauernder vom 'journalistischen Ethos' befreiter Medienvertreter, die, wie Precht/Welzer zurecht betonen, zunächst wenig wussten, trotzdem freudig berichteten und „eine wilde Stimmung erzeugt(en)", aber letztlich nährt eine solche Geheimhaltung, wenn man dann später davon erfährt, nichts als Misstrauen! Darüber hinaus berichten Precht/Welzer dann erstaunlicherweise aber nicht von einem wenige Tage nach den Vorfällen herausgegeben Bericht der Kölner Polizei, der den Gewalttätern eine Brutalität bescheinigte, die alles Erdenkliche und für sie bis dahin Vorstellbare weit überschritten habe!

Selbstverständlich hätte man dann als Erstes darauf hinweisen müssen, dass es sich in dem Fall nicht um vorher gerade Geflüchtete handelte, aber letztlich gehört es in die Medien (und damit ist Precht/Welzer ausdrücklich zu widersprechen), dass es sich ausschließlich um Täter aus einem bestimmten Kulturkreis handelte, denn je häufiger man sich mit diesen Informationen zurückhält, desto größer wird das Misstrauen gegenüber dem Staat insgesamt, das ja ohnehin schon erheblich ist und offenbar im Zunehmen begriffen!

Von einem solchen Teufelskreis besonders dramatischer Dimension zeugte ein Beitrag der 'Tagesschau' am 02.01.2023, der in beeindruckender Weise zeigte, wohin es führen kann, wenn man jahrelang bemüht ist, im Anschluss an (zumeist brutale) Gesetzesverstöße eine bestimmte Bevölkerungsgruppe systematisch nachrichtlich zu schonen, um damit, wenn man dieser Art von 'Journalismus' (vielleicht zunächst noch) menschenfreundliche Absichten bescheinigen will, Integration in Deutschland zu fördern. So leistete man sich am Neujahrstag 2023 einen an Peinlichkeit nicht zu überbietenden Beitrag zu den grauenhaften Ausschreitungen am Silvestertag in Berlin-Neukölln, welche sich ausschließlich(!) mit größter Aggressivität gegen den deutschen Staat und deren anwesende Vertreter (Polizei, Rettungskräfte, Feuerwehr) gerichtet hatten – und gegen Frauen sowieso!

> Moderatorin: „Angriffe auf Polizei und Feuerwehr, wer sind denn die Täter, was weiß man denn dazu zur Stunde?"
>
> Thomas Rostek aus Berlin: „Von den Tätern zu sprechen ist in solchen Kontexten ja immer ´nen´ bisschen schwierig. Tatsächlich ist es so, dass ‚äh' die Gewerkschaft der Polizei sich dazu bereits geäußert hat und gesagt hat, es seien *gruppendynamische Prozesse*, also ein *gesamtgesellschaftlich großer Druck*, der geherrscht hat, geherrscht haben soll anlässlich jetzt nach 2 Jahren *Pandemie*, und dass man da eben ‚äh' versucht, ‚äh' genau, dass man eben an *Pyrotechnik* auch

leicht rankommt und das dort eben zu großen Problemen geführt habe, richtig."

Wahrlich ein journalistisches Meisterwerk der Extraklasse! In seiner gesamten Karriere war K. E. von Schnitzler nie besser, vielleicht aber doch nicht immer so dreist und stümperhaft!

Einen Beitrag ganz anderer Qualität hatte sich zu Beginn der Flüchtlingskrise Frau Göring-Eckardt in einer weiteren Sendung von A. Will geleistet. Hier zeigte sich, wie wenig Achtung diese recht hohe Vertreterin der grünen Partei vor einem Regierungsvertreter eines östlichen EU-Mitgliedstaates hat, indem sie diesen brüsk dazu aufforderte, doch gefälligst seine Landsleute davon zu überzeugen, schon bald Flüchtlinge aufzunehmen!

Glaubt eigentlich irgendjemand, dass diese Frauen einer Partei, die im Ausland stets 'werteorientiert' auftreten will, in z.B. den Niederlanden, Polen oder Frankreich, das nach dem Merkel-Alleingang 2015 alles andere als 'amused' war, vornehmlich als 'Grüne' wahrgenommen werden.(?) Man versetze sich einmal in deren Lage... Es handelt sich natürlich wieder einmal um Deutsche, die mit ihrem Wesen zur Genesung anderer beitragen wollen – was auch sonst?

Im Gegensatz dazu gibt es auch Bürger, die sich einfach nur Gedanken machen über die Zukunftsfähigkeit der Bundesrepublik – nicht mehr und nicht weniger! „Denn dass die Bürgerinnen und Bürger Sorge und Verantwortung für die Gesellschaft und für die Demokratie tragen, ist die zentrale Voraussetzung dieser Form von Staatlichkeit".[126] So richtig die Aufnahme eines Großteils der Flüchtlinge auch war/ist, so berechtigt ist auch die Frage, wie viel Aufnahmekapazität ein Staat wie die BRD hat und das auch vor dem Hintergrund einer Mitgliedschaft in der EU und der Meinung

[126] Precht & Welzer (2022), S. 67

anderer Staaten hierzu, wobei entsprechende Fragen möglicherweise noch zurückgestellt werden könnten, wenn die Aufnahme der Flüchtlinge (nicht nur 2015/16) so dilettantisch verlaufen wäre/würde, was für einen souveränen Staat mehr als unwürdig war/ist! Welche politische Gruppierung einem halbwegs geordneten und stets nachvollziehbaren Zuzug massiv entgegenwirkte, muss hier wohl nicht näher beschrieben werden. Wer in diesem Zusammenhang beispielsweise über Probleme nachdenkt, die sich aus einer Überzahl junger (muslimisch orientierter) Männer mit einem gänzlich anderen Frauenbild in einem für sie fremden Kulturkreis leicht ergeben könnten, verfügt über ein hohes Maß an Verantwortungsbewusstsein gegenüber diesem demokratischen Staat – nicht mehr und nicht weniger! Wer dagegen glaubt, Männer und Frauen seien (von unwesentlichen äußeren Merkmalen einmal abgesehen) gleich, ebenso wie alle Religionen, muss darüber natürlich nicht nachdenken und sprechen erst recht nicht – das gilt selbstverständlich auch für unsere Medien, die sich dann auf eine Art Missionierung beschränken können.

Diese (hier vornehmlich die öffentlich-rechtlichen Fernseh- und Rundfunkanstalten) leisteten in dieser Hinsicht nicht selten ihr Übriges und ihre Kommentatoren/Kommentatorinnen mahnten nicht selten eine Art Selbstbestimmungsrecht bei freier Ortswahl aller Neuankömmlinge an – in einem fremden Land mit ungewohnter Kultur wohl gemerkt, ohne die dortige Sprache sprechen zu können! Zudem ließen sich auch zahlreiche Kabarettisten auf breite 'Hilfsprogramme' herab (was vielen in Bezug auf ihr Niveau aber ohnehin nicht schwerfiel), indem sie sich z.B. lustig machten über die Deutschen, deren Willkommenskultur nun (über eine Million waren immerhin mithilfe zehntausender freiwilliger Helfer aufgenommen worden, deren große Leistungen in den Medien weitgehend vernachlässigt worden waren) bereits wieder abgenommen habe, wobei sich einer, aufgrund seiner außergewöhnlichen Religions- und Geschichtskenntnisse, hervortat, indem er die Kopftücher muslimisch gläubiger Frauen mit denen katholischer auf den Feldern Bayerns vor noch fünfzig Jahren gleichsetzte, was das Publikum nicht davon abhielt, an der geplanten Stelle auch noch Beifall zu spenden, wobei nicht bekannt ist, inwieweit dieser von vorn organisiert worden war.

Ein anderer Vertreter der 'neuen deutschen Komik' zeigte seine Schlichtheit zu dieser Thematik dahingehend, als er aufgrund einer simplen Geschichte sinngemäß zum Besten gab, mit dem Islam, vor dem sich ja manche Spießer in Deutschland fürchteten, würde sich das schon bald ergeben, wenn deren Vertreter die großen Vorzüge des Wohlstands bei uns erkennten, und spätestens dann, wenn sie mit erstmals selbst verdientem Geld in der Tasche an den gefüllten Schaufenstern vorbeigingen! Großartig! Sie können von sich auf andere schließen, weil sie andere nicht kennen!

Auch Frau Strack-Zimmermann reihte sich mit ihrer simplen (kindisch-vordergründigen) und äußerst niveaulosen Büttenrede auf dem Karneval in Aachen zu den genannten 'Komikern' (wenig überraschend) ein, wobei sich die Frage stellen könnte, ob Menschen, deren Selbstbewusstsein um Welten hinter ihrem Selbstvertrauen zurückbleibt, nicht eigentlich nur bemitleidet werden sollten! Zum Glück für Dieter Hildebrand muss er so etwas nicht mehr erleben!

Für jeden halbwegs freien Denker unter den Kabarettisten bietet die Politik in letzter Zeit sicherlich so viel Stoff wie selten in der Geschichte der Bundesrepublik, ist das Denken allerdings ideologisch eingeengt, bleibt logischerweise der Inhalt des jeweiligen Programms begrenzt, was sich dann natürlich nicht nur das Niveau, sondern auch die Breite des Diskurses negativ beeinflusst. Besonders deutlich wird das bei Böhmermann und Welke, die sich das aber ohne Probleme leisten können, da sie ja regelmäßig öffentlich-rechtlich finanziert werden! Wobei jemand, der den türkischen Staatspräsidenten auf eine Weise beleidigt, für deren Einordnung ein

Maximum an schäbigen Attributen nicht ausreicht, inzwischen wohl Narrenfreiheit besitzen sollte! Nichts als Populismus, wenn so etwas zu einem Zeitpunkt geschah, als Erdogan bei dem Großteil der deutschen Bevölkerung ein großes Feindbild abgab! Abgesehen davon, dass Herr Böhmermann ja vorher weitgehend aus den Rampenlichtern verschwunden war. Und wenn dieser Agitator linker Ideologie nicht davor zurückschreckt, jemandem wie M. Lanz nahezulegen, doch in so manchen Talkshows gar nicht erst diejenigen (z.B. Wissenschaftler) einzuladen, die eine 'falsche' Meinung vertreten, dann zeigt dieses doch wohl dem Letzten, wessen Geistes Kind dieser Mensch ist – angestellt in einem öffentlich-rechtlichen Fernsehen des demokratischen Staates Bundesrepublik Deutschland! Wer Herrn Böhmermann dann aufgrund seiner Einschätzung der CDU als „Nazis mit Substanz" Diffamierung oder Beleidigung vorwirft, fügt ihm Unrecht zu und wertet ihn auch noch unnötig auf, denn hier handelt es sich um einen überaus substanzlosen Dummkopf ohne jeglichen Zugang zur Historie, der kein Problem damit hat, die Leiden von Millionen Opfern der Naziherrschaft rückwirkend (aus einer monokausalen Sichtweise heraus) zu verharmlosen und jeden Widerstandskämpfer auf gewissenlose Weise zu beleidigen!

Und man kann ja von Herrn Musk viel halten oder wenig, aber ihn mit Goebbels zu vergleichen, wäre ja schon an sich unterste Schublade, da sich solche Vergleiche für einen halbwegs Gebildeten schon vorab verbieten, aber das zu tun mit „Wollt ihr den totalen Tweet?", ist einfach nur dumm! Dabei weiß Herr Welke ja bezeichnenderweise schon vorher, dass er sich auf den Applaus seines 'Publikums' immer verlassen kann… Kaum denkbar, dass der Betreiber einer billigen Jahrmarktsbude diesen 'Komiker' engagieren würde, aber dieser hat ja einen sicheren Job! Wer könnte das Niveau an diesem Arbeitsplatz des ZDF besser beurteilen als Welkes langjährige Mitarbeiterin, Christine Prayon, die ihren Entschluss, nicht mehr für diese Sendung tätig sein zu wollen u.a. damit begründet, dass „Narrative und Positionen von Gruppen, die gesellschaftlich in der Hierarchie ganz oben stehen, unablässig wiederholt und gleichzeitig Stimmung gegen Andersdenkende gemacht“ werde. (vgl. C. Vorbrüggen in ‘Die Welt‘ v. 29.06.23)

Und wenn ein Herr Jürgen Becker bei Maischberger im Anschluss an die radikalen Angriffe auf den demokratischen Staat rund um Lützerath die RAF rückwirkend so etwas wie rehabilitiert, indem er sie, von der Wirkung her, positiver einschätzt als die RWE, so war das möglicherweise nichts anderes als eine Bewerbung zur festen Anstellung beim WDR in Köln, wobei Frau Maischberger selbstverständlich vorher genau wusste, was dieser Mensch in ihrer Talkshow so von sich geben würde! Dabei hatte die Meinungsjournalistin offensichtlich in ganz Deutschland keinen Menschen gefunden, der diesem ungeheuerlichen Vergleich in ihrer Sendung angemessen entgegengetreten wäre! Prompt wurde er natürlich schon bald wieder in diese Talkshow eingeladen, um ihn sagen zu lassen: „Wer vorsätzlich Auto fährt, ist ein Gewalttäter“ und das gewaltsame Lahmlegen des Verkehrs sei in jedem Fall gerechtfertigt, während die Moderatorin, die sonst keinerlei Skrupel hat, anderen, die ihrer Zielrichtung nicht so ganz gerecht werden, mehrfach über den Mund zu fahren, milde lächelte! Stattdessen warnt der WDR vor Harald Schmidt und Otto Waalkes: „Das folgende Programm wird, als Bestandteil der Fernsehgeschichte, in seiner ursprünglichen Form gezeigt. Es enthält Passagen, die heute als diskriminierend betrachtet werden“!

Wohin ist eine Gesellschaft unterwegs, in der im humboldtschen Sinne bestenfalls halbgebildete Gestalten einer öffentlich-rechtlichen Anstalt sich anmaßen (dürfen), über ein hohes Sprachniveau beispielsweise eines Harald Schmidt zu befinden, dem sie mitnichten zugänglich sind? Denn wer mit den Stilmitteln der Ironie und Übertreibung sinngebend umzugehen vermag, wird weder bei Waalkes noch bei Schmidt auch nur einen Hauch von

Diskriminierung entdecken! Also „Passagen, die heute als diskriminierend betrachtet" oder von Ideologinnen/Ideologen des WDR als solches anmaßend eingestuft werden?

In allen Diktaturen der Welt kämpft(e) der Einzelne um jeden Bruchteil an freier Meinungsäußerung, während die Mitglieder der Zensurabteilung des WDR Bevormundung und eine Art betreutes Denken propagieren. Man/frau erhebt sich über den Bürger und hat mit den Propagandistinnen/Propagandisten eines jeden totalitären Staates gemeinsam, dass auf äußerst simple Weise versucht wird, den Bürger zu Willfährigkeit in eine Richtung zu erziehen, wobei erschwerend hinzukommt, dass es die diskursfeindlichen Gesinnungsjournalisten des WDR auch noch wagen, von Demokratie zu sprechen, obwohl sie etwas ganz anderes meinen! Jedem Bürger, dem das bekannt vorkommt, räumt die parlamentarische(!) Demokratie nicht nur das Recht ein, sondern verpflichtet ihn geradezu, dieses jederzeit öffentlich zu bekunden!

Was nun die Ideologie der links-grünen Partei angeht, so wird diese ganz offensichtlich vor allem in der ARD (und hier insbesondere im Rahmen der Regionalprogramme) annähernd 1:1 umgesetzt, wobei in letzter Zeit vielerorts noch dazugelernt wurde, indem man die große Wirkung subtiler Propaganda im Gegensatz zu direkten Kampagnen ganz offensichtlich erkannt hat(te). „Keine Talkshow, kein Naturmagazin, keine Nachrichtensendung kommt ohne die Mahnung aus, dass unser Planet kurz vor dem Kollaps steht."[127] So wäre es keineswegs verwunderlich, wenn bekannt würde, dass die jeweiligen Redakteurinnen das Parteiprogramm der Grünen in Zweifelsfällen jederzeit gleich zur Hand hätten.

Auch veranstaltet man in dieser Richtung zumeist Diskussionen, die diese Bezeichnung nur selten verdient haben, da aufgrund der

---

[127] Ebert (2022), S. 37

Auswahl der Teilnehmer und der Thematiken der Verlauf sowie die Ergebnisse bereits von vornherein in etwa feststehen, ganz abgesehen davon, dass der Zuschauer/Zuhörer schon allein dadurch betrogen wird, dass die Themen mit den dazugehörigen Fragen an die jeweiligen Teilnehmer größtenteils bereits vorher abgesprochen werden, ganz abgesehen von Auswahlkriterien bei einem möglicherweise anwesenden Publikum! Besonders deutlich kommen diese Mechanismen bei Frau A. Will zum Ausdruck; dieser besonders 'fortschrittlichen' und 'kritischen' Journalistin geht es in keiner Weise darum, etwa über gute Pro- und Kontraargumente im Hinblick auf eine bestimmte wie auch immer aktuelle Thematik zur Bildung oder Entwicklung einer entsprechend fundierten Meinung (auch beim Zuschauer) beizutragen, sondern es geht hier einzig und allein um ihre Meinung, die sie äußerst geschickt an die Frau oder den Mann bringt! Darin ist sie Weltmeister und man kann den Gesinnungsmachern der ARD zu dieser Besetzung nur gratulieren!

Man lässt Gäste zu sich kommen, um (indirekt) die eigene Meinung kundzutun, wenn es sich ergibt und anbietet, auch immer wieder dieselben, wobei streng darauf geachtet wird, dass sich Gegenredner beinah immer recht moderat äußern und zumeist nur geringe Überzeugungskraft vermitteln, sodass Zuschauer, wenn sie nicht gerade ganz genau hinhören, durchaus fragen könnten, ob denn niemand eine andere Meinung (gehabt) hätte. Möglicherweise können sich ja uralte Zuschauer an eine Will-Sendung erinnern, bei der auch nur irgendeine ideologische Richtlinie oder deren Widersprüche innerhalb der grünen Partei kritisch diskutiert worden wären. (?) Selbstverständlich wird auch eine Frau Neubauer gern eingeladen und sie darf sich zu allem Möglichen äußern, wozu sie gar nicht gefragt worden ist, aber zu ihrer laut verkündeten Demokratiefeindlichkeit stellt man ihr natürlich keine Frage, das ist ja auch nicht so wichtig! Vielleicht muss man es sich mehrfach zu Gemüte führen, weil man seinen Ohren oder auch Augen nicht traut, aber Frau Neubauer kann es sich leisten, dem Staat Bundesrepublik

Deutschland zu drohen, indem sie darauf hinweist, dass ein Eingehen der Regierung auf ihre radikalen Forderungen die Demokratie in Deutschland stärken würde! „Im Laufe der letzten Jahre hat sich eine ökologisch orientierte Oberschicht in einen bedenklichen Selbstbezug hineinmanövriert.“[128]

Am Rande der am Hambacher Forst mehrheitlich von bekennenden Anarchisten provozierten Zusammenstöße zwischen diesen und der dort (sehr!) umsichtig reagierenden Polizei erstellte Report-Mainz einen längeren Bericht, an dessen Ende man eine Warnung gegenüber dem Land NRW aussprach, doch möglichst nicht gegen die 'Baumbesetzer' vorzugehen, indem man an Atommülltransporte erinnerte, während vorher (natürlich vermummte) Anarchisten – verharmlosend 'Aktivisten' genannt – zu ihren Motiven befragt worden waren, deren Antworten vor allem auch darin bestanden, sie seien gegen jede Art von Staat! Eine solche Sendung würde Frau Will ganz sicher nicht ausstrahlen lassen, denn der 'brave' Bürger, der ja ideologisch-sanft geformt werden soll, würde ja von so einem Beitrag möglicherweise abgeschreckt werden. Abgeschreckt wurden die Fernsehzuschauer wohl auch vom Kommentar eines radikalen 'Umweltaktivisten' vom WDR im Rahmen der Tagesthemen(!), der nicht davor zurückschreckte, seine Freude über die Knappheit von Gas, Strom und Öl zu verkünden, was 'wir' doch immer schon angestrebt hätten!

Und genau das würde einer so 'fortschrittlichen' Moderatorin wie Frau Will so leicht nicht passiert sein, denn sie weiß natürlich wie viele andere inzwischen auch, dass sich unter den 'Umweltaktivisten' nicht wenige befinden, denen es in keiner Weise um Umweltschutz geht als vielmehr darum, diesem Staat zu schaden, wo und wie es am besten geht! Das sollte ja nicht gleich jeder erfahren, zumal sich die links-grünen Medien ja nun seit vielen Jahren alle Mühe gegeben

---

[128] Ebert (2022), S. 59

hatten, das Wort 'Aktivist'/'Aktivistin' grundsätzlich – in ihrem Sinne – positiv zu verwenden und besetzen zu lassen! Menschen, die hin und wieder noch ins Denken geraten, müssen sich doch bei jeder/jedem 'Aktivistin'/'Aktivisten' fragen, wer das eigentlich ist!(?) Jahrelang berichteten diese Menschen zum Beispiel für die Tagesschau aus Syrien. Wurde auch darüber berichtet, welcher Fraktion sie angehören und wer sie bezahlt? Das Einzige, was einigermaßen erfolgreich suggeriert wurde, ist, dass es sich offenbar um 'Gutmenschen' handelt, was immer das sein mag! Wenn Frau Neubauer doch tatsächlich (vor dem Krieg in der Ukraine!) kundtat, man müsse zur Not eben Gasleitungen in die Luft gehen lassen, dann stellt sich doch nach der (aufwendigen!) Sprengung von Nord-Stream 2 die Frage, ob es sich dort wohl auch um 'Aktivistinnen'/'Aktivisten' gehandelt hat.(?) Und sind die Söldner in den Reihen der russischen Armee eigentlich auch 'Aktivisten'? Und wie steht es mit den 'Schleppern' im Mittelmeer, zumal die doch letztlich auch Gutes tun, vor allem dann, wenn doch der Zweck die Mittel heiligen soll? Und wie verhält es sich mit den 'Aktivisten' der Fanszene von Dynamo Dresden, Hansa Rostock oder Arminia Bielefeld…?

Allerdings zeigen die öffentlich-rechtlichen Sender auch hier mehr oder weniger großes strategisches Geschick, wenn selbst die radikalsten und zu erheblicher Gewalt bereiten grünen 'Streitkräfte' zumeist noch als 'Umweltschützer' bezeichnet werden, wobei es mittlerweile schon unerträgliche Formen annimmt, dass ARD (einschließlich der Rundfunksender), ZDF und zahlreiche ('seriöse') Zeitungen, die sich dafür halten, nach 'klebrigen' Anschlägen auf Straßen, Flughäfen, Museen und sogar Bundesministerien noch immer brav und sich regelrecht anbiedernd von 'Umweltaktivistinnen und -aktivisten' sprechen, die bezeichnenderweise von der Straße aus Forderungen an die Bundesregierung/den Bundeskanzler eines demokratischen Staates richten, mit dem sie ganz offensichtlich nur sehr wenig zu tun haben (wollen) und den es möglichst permanent zu provozieren gilt, wo und wie es sich gerade anbietet!

Dass zahlreiche 'Aktivistinnen' mit dem demokratischen Staat generell auf Kriegsfuß stehen, zeigte in Lützerath zum Beispiel allein die Tatsache, dass die dort anwesende Polizei, bevor sie überhaupt aktiv geworden war, mit Steinen, Molotov-Cocktails und Feuerwerkskörpern aller Art beworfen wurde, Beamte des Staates (hier vorwiegend aus NRW), die nur ihrer Pflicht nachgingen, das Eigentumsrecht eines Unternehmens vor widerrechtlicher Landnahme zu schützen. Wenn die Polizei dann beispielsweise Seite an Seite eine Sperrzone bildet und Demonstranten daraufhin immer wieder versuchen, diesen Sperrgürtel mit Gewalt zu durchbrechen, dann sind die 'Kontrahenten nicht immer wieder gewaltsam aneinander geraten', wie der WDR sich wiederholt gebetsmühlenartig äußerte, sondern die Polizei ist tätlich angegriffen worden – so einfach ist das! Ganz abgesehen davon, dass dieser Nachrichtensender doch tatsächlich - offensichtlich allzu bereitwillig - Lügenmeldungen vonseiten der 'Aktivistinnen' in die Welt setzte, es seien zig Schwerverletzte unter ihnen zu beklagen, während sich dann herausstellte, dass niemand schwer verletzt worden war! Dazu später das öffentlich-rechtliche Regionalfernsehen des WDR, der sich sonst, bei Außenständen von Radio- und Fernsehgebühren, wie selbstverständlich auf die Gesetzgebung unseres Rechtsstaates beruft: 'Die Aktivisten hatten gegen die Übermacht der Polizei keine Chance'! Ein Schelm, wer hier noch immer nicht ins Nachdenken gerät!

Einen weiteren (kaum für möglich gehaltenen) pervertierenden Akt von Rehabilitierung der Motive und Praktiken von klebenden Verkehrsrowdys leistete sich am Nachmittag des 27.02.2023 NDR-Radio-Niedersachsen, indem man wieder einmal einen 'Experten' zu Wort kommen ließ, der sich (wie selbstverständlich) durch breites 'Wissen' auszeichnete! Er 'wusste', dass die meisten Kleber gar nichts gegen den einzelnen Autorfahrer hätten, ganz im Gegenteil, viele von ihnen brächten sogar Verständnis für sie auf, das sei ähnlich, als wenn Verdi an Flughäfen die Arbeit niederlege, auch die dortigen Streikenden seien ja nicht gegen die Fluggäste eingestellt! Vielen Zuhörern dieses Radiosenders sind während des lehrreichen Beitrags sicherlich die Tränen gekommen, zumal sie vonseiten dieses 'Küchenpsychologen' auch noch zur Kenntnis nehmen durften, dass zahlreiche Autofahrer wegen ihrer Abgase ein schlechtes Gewissen hätten, was sich dann teilweise in Aggressionen gegenüber den friedlichen Rowdys umkehren würde. Leider reichte die Sendezeit dann offenbar nicht (mehr) aus, darauf hinzuweisen, dass das Grundgesetz des demokratischen Staates Bundesrepublik Deutschland Arbeitnehmerinnen ein Streikrecht zuspricht, während in keinem Gesetz auf irgendeine Weise verankert ist, dass jeder Bürger, wie es ihm gefällt, berechtigt sein soll, den Straßenverkehr lahmzulegen und Steuern zahlende Menschen gezielt davon abzuhalten, pünktlich ihren Arbeitsplatz zu erreichen, von Rettungsfahrzeugen ganz zu schweigen! Zweifellos wird es diesem überaus aufrichtigen Sender problemlos gelingen, weitere 'Experten' vor seine Mikrophone zu bekommen, die jederzeit in der Lage sind, im Anschluss an zum Beispiel das Verwüsten von Golfplätzen oder die Besetzung von Hotels in Urlaubsorten sowie das „Abfackeln" von PKW über das große Mitleid der Straftäter gegenüber den Geschädigten zu berichten, denn Gutmenschen meinen es ja gut!

Eine qualitativ ganz besondere Parteinahme für widerrechtlich agierende Menschen leistete sich dann aber noch der öffentlich-rechtliche MDR, als er bei einem Bericht über eine Befreiungsaktion der Polizei einige, die Straße blockierende Rechtsbrecher schreien ließ, um ganz offensichtlich gegen die in Deutschland vergleichsweise äußerst(!) defensiv reagierende Polizei Stimmung zu machen! Dummerweise stellte sich dann allerdings später heraus, dass der öffentlich-rechtliche Sender die Schreie sozusagen von woanders in diese Sendung hinein importiert hatte und schließlich nicht umhinkam, Stellung zu beziehen, indem man sich damit zu entschuldigen versuchte, es habe sich um ein „unerklärliches bedauerliches Missgeschick" gehandelt! Während Eisenhower noch 1946 „bedingungslose Wahrheitsliebe" für Journalisten eingefordert hatte, scheint hier doch eher ein charakterloser Hang zur Unwahrheit vorzuliegen.

Manchmal aber zeigt selbst eine so 'fortschrittliche' Moderatorin wie A. Will gewisse menschliche Schwächen und wird offenbar von einer Art direkterem Mitteilungsbedürfnis 'überfraut'. So lag es ihr ganz offensichtlich am Herzen, dem Fernsehzuschauer in einer ihrer abendlichen Sendung mitzuteilen, dass die Grünen radikaler werden müssten! Und wer eignet sich zur Vermittlung einer solchen Botschaft besser als Frau Göring-Eckardt, die dann auch unmissverständlich zum Ausdruck brachte, was Frau Will 'nur' angedeutet hatte! Dabei verdient sicherlich besonderes Interesse, dass es sich hier um eine Bundestagspräsidentin der Bundesrepublik Deutschland handelt, die eine größere Radikalität einer (in diesem Fall ihrer) politischen Gruppierung einfordert! Wer könnte es wagen, hier eine Parteinahme des Senders zu vermuten, der natürlich auf der anderen Seite peinlich darauf bedacht ist, den Zuschauer nicht mit knallharten Statements und Zielvorgaben grüner Politik zu konfrontieren, die ein allgemeines Geschwätz über die Sinnhaftigkeit zukunftsorientierter Umweltpolitik endlich einmal grundlegend überschreiten und im Sinne von demokratischen Willensbildungsprozessen unbedingt einmal kontrovers diskutiert werden könnten/sollten, wie die immerhin wahrhaftige Aussage der Ulrike Herrmann von der TAZ: „Man muss sich klarmachen, dass Klimaschutz den totalen Umbau bedeutet, da bleibt kein Stein auf dem anderen (...), wir müssen raus aus dem Kapitalismus in eine staatlich gelenkte Privatwirtschaft und Rationierung"!

"Die einseitige Konzentration auf ein bestimmtes Ziel – in diesem Fall die Bekämpfung des Anstiegs der Erderwärmung um nahezu jeden Preis – scheint eine Radikalisierung des Denkens und eine Entfremdung von demokratischen Strukturen zu fördern"[129]. Genau darum geht es, um welchen Preis das geschehen soll! Jeder Bürger hat ein Anrecht darauf, dass eine solche Thematik auf dieser Ebene diskutiert wird und zunächst einmal auf keiner anderen! Ist ein Großteil der Medien hier etwa zu wenig informiert und lässt sich vom so empfundenen Zeitgeist auf populäre Nebenschauplätze führen oder schwingt man sich hier gar zum strategischen Helfershelfer auf, um den (im engeren Sinne eher unpolitischen) Bürger/Wähler nicht unnötig zu beunruhigen? Vielleicht wäre es hilfreich, wenn all die gut situierten Sklaven der Einschalt- und Verkaufsquoten endlich begreifen würden: „Mainstream ist nicht das, was die Mehrheit denkt, sondern das, wovon die Mehrheit denkt, dass es die Mehrheit denkt"[130] und vor allem nicht das, wovon die Gesinnungsjournalisten meinen, dass es die Mehrheit glauben soll!

Neben der zweifellos berechtigten Kritik von Precht/Welzer in Bezug auf den elementaren Mangel vieler Medien an „Wahrheit, Richtigkeit und Wahrhaftigkeit" (in Anlehnung an von Habermas formulierten Geltungsansprüchen) und der damit verbundenen Gefahr für die Demokratie wäre auch zu untersuchen, ob es nicht vor allem eine Gefahr für die Demokratie bedeuten könnte, wenn eine Partei diese Staatsform offiziell gerade für sich immer wieder gerne reklamiert, während ihre langfristigen Ziele nicht unbedingt darauf hindeuten, diese behalten, geschweige denn, verteidigen zu wollen, ganz abgesehen davon, dass sie ihre außerparlamentarische Streitmacht immer wieder ins Rennen schickt, ohne sich von offizieller Seite zu den Provokationen gegenüber dem Staat und wirtschaftlichen Abläufen unmissverständlich zu äußern, während einzelne Vertreter dieser Gruppierung sich auf dem Parteitag der

[129] Sarrazin (2022), S. 118

[130] Ebert (2022), S. 50

Grünen durchaus stehender Ovationen sicher sein können. „Wir sind (…) eine Basisbewegung, die sich für die Verbreitung von Bewusstsein und Informationen engagiert. Wir sind nicht an Kompromissen und Vereinbarungen interessiert.“[131]

Wäre es vor all diesen Hintergründen nicht inzwischen höchste Zeit für die Medien – zumindest für diejenigen, die sich ihrer eigentlichen Aufgabe einer all umfassenden Information im Rahmen einer stets schützenswerten Demokratie und einem Mindestmaß an Wahrhaftigkeit noch verpflichtet fühlen –, zu recherchieren, was die Chefideologinnen um und mit Greta Thunberg letztlich eigentlich vorhaben und inwieweit das von den größtenteils bewundernswerten Beiträgen pragmatisch-demokratisch orientierter Menschen zum Umweltschutz vor Ort abweicht, denn „sie sollen die Wähler informieren, um sie mündig zu machen. Sie sollen die Autorität jener untergraben, deren Meinung auf einem Mangel an Informiertheit beruht“[132]! „Denn Integration im liberalen Staat bedeutet nicht Anpassung und Auf-Linie-Bringen, sondern im Gegenteil: die Aufnahme des Widerspruchs in das Gesamtbild“[133]! Das gilt, im Gegensatz zur Meinung von Precht/Welzer, denen eine ideologie-ähnliche Einseitigkeit der öffentlich-rechtlichen Medien in Bezug auf die grüne Partei und ihrer Streitkräfte erstaunlicherweise entgangen ist, nicht nur auch, sondern insbesondere für die Klimapolitik! Wie sehr vor allem die öffentlich-rechtlichen Anstalten billigste Agitation vor Information stellen und damit den Bürger für dumm verkaufen (wollen), zeigt u.a. auch die Tatsache, dass selbst die FAZ nicht umhin kommt, Peter VOSS am 05.08.2023 schreiben zu lassen: „Was ARD und ZDF sich leisten, ist besorgniserregend. Die Öffentlich-Rechtlichen unterhöhlen ihr Fundament“!

---

131 Thunberg (2022), S. 390

132 Precht & Welzer (2022), S. 58

133 Ebd., S. 65

Sieht man sich nun in dem großen DAS KLIMA BUCH von Frau Thunberg um, so fällt auf, dass hier einerseits der Demokratie durchaus das Wort geredet wird, während andererseits immer wieder eindeutig zu erkennen ist, dass die angestrebte Form der Gesellschaft (global und/oder national) sich von demokratischen Strukturen gänzlich abwenden wird. Während sich die Schwedin auf Seite 42 von einigen ihrer Mitstreiter distanziert, die eine Diktatur für geeigneter hielten, mit der „globalen Krise umzugehen“, indem sie die Demokratie als „das Kostbarste“ bezeichnet, kommt andererseits (beinah ausschließlich) zum Ausdruck, dass „wir auch einen Systemwechsel brauchen“, „Normen grundlegend“ geändert werden sollen, und sie spricht darüber hinaus von „Klimagerechtigkeit“ sowie einer „Notwendigkeit der Gleichheit“[134], was immer das sein soll!

Unmissverständlich wird an anderen Stellen und im weiteren Verlauf des KLIMA-BUCHS jedoch deutlich, dass Demokratie ganz offensichtlich mit Gleichheit verwechselt (oder rein strategisch verwendet?) wird, wenn es beispielsweise auf S. 431 (Klein) heißt: „eine stärker auf Gleichheit basierende, demokratische Wirtschaft schaffen“, wenngleich ganz offensichtlich eine sozialistische gemeint ist! Ganz besonders interessant ist in diesem Zusammenhang auch, dass Frau Thunberg den zurzeit an der Macht befindlichen Politikern vorwirft, „mit der öffentlichen Meinung in Einklang“ sein zu wollen[135]! So gut wie alles deutet darauf hin, dass die Chefideologinnen in Sachen Umwelt, Gleichheit, Rassen- und Gendergerechtigkeit nur so lange die Demokratie verteidigen, wie sie ihnen nützt und ihre Streitkräfte nicht daran hindert, diese Gesellschaftsform immer wieder zu provozieren und herauszufordern, denn „natürlich wird es dazu realer Kämpfe“

---

[134] Vgl. Thunberg (2022), S. 390 f.

[135] Vgl. ebd., S. 218

bedürfen[136] und „Aktivisten blockieren Pipelines und Kohleterminals“[137]. Demokratie wird hier ganz offensichtlich vornehmlich fernab von parlamentarisch-demokratischen Gepflogenheiten gesehen, denn „demokratische Basisbewegungen“ sollen aufgebaut werden, und letztlich würden „Milliarden Klimaaktivistinnen und -aktivisten für Streiks, Boykotts und Protestmärsche benötigt“[138], wobei die Frage nur laute, „wie schnell sie sich durchsetzen“[139]! „Wenn sich Politik auf die Straße verlagert und organisierte Mehrheiten (…) entstehen, na dann gute Nacht! Wut und Angst waren schon immer schlechte Ratgeber.“[140] In dieser Hinsicht ist auch ein Beitrag der Klima-‘Aktivistin‘ Frau Van Baalen in ‘Hart aber fair‘ vom 30.01.23 äußerst beachtenswert und zeigt, dass sie eine vortreffliche Schülerin von Frau Thunberg ist, indem sie von Demokratie redet, aber dann Bürgerräte fordert! Immerhin moderiert der Moderator tatsächlich, im Gegensatz zu anderen Moderatorinnen der ARD, und macht darauf aufmerksam, dass hier eine andere Vorstellung von Demokratie vorliege! Aber auch Frau Kemfert hat ihre diesbezügliche Lektion durchaus gut (auswendig-)gelernt, wenn sie etwaige (zu befürchtende) Proteste gegenüber sozialistisch-grün motivierten (restriktiven) Maßnahmen vorsichtshalber von vornherein schon nur mit antidemokratischen Kräften in Verbindung zu bringen weiß, während sie so ganz nebenbei auch marxistische „Klimaräte“ fordert[141]! Auf der Grundlage mangelnder Bürgernähe sind die Strategie sowie das Demokratieverständnis der Frau Kemfert leicht zu deuten: Es geht ihr gar nicht einmal so sehr um Russland oder eine Gefahr für den gesamten Westen, sondern der allgemeine Hass auf den russischen

---

[136] Vgl. Thunberg (2022), S. 344

[137] Vgl. ebd., S. 242

[138] Vgl. ebd., S. 197

[139] Vgl. ebd., S. 242

[140] Hahne (2011), S. 77

[141] Vgl. Kemfert (2023), S. 297

Aggressor soll instrumentalisiert werden, um vonseiten eines Teils der Bürger die Bereitschaft zu erzwingen, einschneidende Restriktionen im Energiesektor freiwillig hinzunehmen in dem Glauben, damit einen Beitrag zum Sieg der Ukraine auf dem Schlachtfeld zu leisten, während auf der anderen Seite ein ideologisch geblendeter grüner Teil der Bevölkerung ja ohnehin für 'schmerzhafte Einschnitte' plädiert und jederzeit (vornehmlich mithilfe der öffentlich-rechtlichen Medien) bereit ist, (auch) gegen besseres Wissen den russischen Angriffskrieg für alles verantwortlich zu machen. So heißt es dann auch: „Vielleicht wäre mancher bereit, im Kampf für Freiheit und Demokratie auf die eine oder andere Verschwendung zu verzichten"[142], wobei die Autorin an dieser Stelle vergisst zu betonen, dass sie doch sicherlich *ihre* Vorstellung von Demokratie meint. Besonders bemerkenswert ist in diesem Zusammenhang immer wieder, dass es die unbedingt ‚wissenschaftliche' Ausrichtung der Frau Kemfert (und auch der Autoren des KLIMA-BUCHS der Frau Thunberg) offenbar nicht zulässt, mehr als nur vage von 'schmerzhaften Einschnitten' oder gar einer 'Rezession' zu sprechen, deren Auswirkungen aber für den Bürger und das reiche Deutschland ohne Weiteres erträglich wären! So einfach ist das, während aus dem KLIMA-BUCH ja sogar zu vernehmen ist, dass sich die Menschen im Anschluss an drastische sozialistisch orientierte Einschnitte besser fühlen würden und glücklicher wären. Das erinnert an D. Pearce (Mitbegründer der World Transhumanist Association), der auch „die Fähigkeit zur Freude" beim Menschen vergrößern will[143]! Außerdem wird behauptet, dass in der neuen Planwirtschaft immer genügend Geld zur Verfügung stehe – eine Fehleinschätzung, der Marxisten schon Zeit ihres Lebens unterliegen! Ohne jegliche Beweisführung jagt hier eine bloße Behauptung die andere, wobei schon an sich äußerst verdächtig ist, dass man diese 'fortschrittliche' Art der Forschung

---

[142] Vgl. Kemfert (2023), S. 33

[143] Vgl. Lennox (2022) S. 85

immer wieder gern als die einzig „fundierte freie Wissenschaft" propagiert, während andere als „fragwürdig industriefinanziert" (z.B.) herabgewürdigt werden! „Eine zur Ökologie bekehrte Wissenschaft kann sehr hilfreich sein; damit aber die Erde bewohnbar bleibt, darf man der Wissenschaft nicht das Monopol der Wahrheit überlassen."[144]

In diesem Zusammenhang muss die Frage erlaubt sein, ob es zurzeit einen Staat auf der Welt gibt, der für (vielfach sogar gewalttätige) Aktionen im Namen der Klima-Ideologie so gut geeignet ist wie die Bundesrepublik Deutschland, in dem die 'vierte Macht' ihr kritisches Augenmerk zudem noch mehrheitlich grundsätzlich auf die Reaktion des demokratischen Staates richtet, während die Agitatorinnen, Aktionisten und Gewaltbereiten nicht selten als so etwas wie arme Opfer dargestellt werden.(?) Der Soziologe könnte hier sogar von einer Identifikation mit dem Aggressor sprechen…

Laut G. Eshel bedarf „der Kampf gegen den Klimawandel eines vollständigen Umbaus der Gesellschaft"[145], und auch wenn sich M. Etwoods Ausführungen weitgehend an Utopien orientieren, die sich mit Problemen ihrer Zeit befassen würden, so ist doch bemerkenswert, dass sie, bezogen auf die Industrialisierung des 19. Jahrhunderts, schreibt: „Dieses raubgierige System mit seinen ständigen Zyklen aus Boom und Rezession und seiner extremen Ausbeutung der Arbeiter sollte durch etwas Egalitäreres ersetzt werden, das für eine Umverteilung des Reichtums und eine gemeinschaftliche Teilung der Arbeit sorgte", wobei sie anschließend behauptet, alle ihr bekannten literarischen Utopien hätten dagegen Lösungen angeboten, Utopien, die später unglaubwürdig geworden seien. Dabei sympathisiert sie offenbar durchaus mit den „Altbolschewiken" und schiebt in einer typischen

---

[144] Finkielkraut (2023), S. 162

[145] Thunberg (2022), S. 374

Vereinfachung allein Stalin die millionenfachen Morde und das Scheitern dieser Utopie in die Schuhe! Und dass Hitler in Deutschland an die Macht gelangte und die „echten" Deutschen hinter sich brachte, reduziert sie auf sein Versprechen, „Arbeitsplätze für alle zu schaffen"[146]. So ist es natürlich nicht verwunderlich, dass sie die Ursachen der insgesamt furchtbaren Geschehnisse des 20. Jahrhunderts (China und der Vietnam-Krieg wären mindestens noch zu nennen gewesen!) ausschließlich dem kapitalistischen System zuordnet und dabei (allzu gern?) vergisst, dass nicht zuletzt auch die Utopien, die angetreten waren, gewaltsam eine gerechte(re) Gesellschaft zu errichten, maßgeblich daran beteiligt waren! In diesem Zusammenhang darf in Bezug auf die Bundesrepublik Deutschland auch nicht außer Acht gelassen werden, dass es hier bisher 'nur' eine mehr oder weniger funktionierende soziale Marktwirtschaft gibt und keinen Kapitalismus, in dem allein die Märkte bestimmen.

Was Frau Atwood sich in DAS KLIMA BUCH unter einer Gesellschaft vorstellt, „die mehr Kohlenstoff bindet als produziert, aber zugleich gerechter und von größerer Gleichheit geprägt wäre", beantwortet sie erfreulicherweise und unmissverständlich mit zahlreichen Fragen: „Was sollen wir essen? Wer oder was soll unsere Lebensmittel erzeugen? Wo sollen wir leben? Was sollen wir tragen? Wie sollen die politischen Strukturen beschaffen sein? Was wäre mit unserem Gesundheitswesen? Mit Gendergleichheit? Mit Diversität und Inklusion?"[147] Mit der Verteilung des Reichtums und der Ressourcen? Welche Art Kunst und Unterhaltung sollen wir haben, falls denn überhaupt? Sollen wir Bücher weiterhin aus Papier herstellen und aus welcher Art Papier? Sollen wir uns eigene Handcreme herstellen? Sollen wir ein Internet zulassen, und wenn ja, wieviel Energie wird es verbrauchen? Soll es eine Polizei

---

[146] Vgl. Thunberg (2022), S. 399

[147] Vgl. ebd., S. 400

irgendeiner Art geben? Ein Rechtssystem? Eine Armee? Und was ist mit der Abfallentsorgung oder – in diesem Zusammenhang – mit Begräbnissen? Welche Alternativen gibt es zu einem Abgang in einer Rauchwolke? „Wenn es um Klimagerechtigkeit geht, haben wir wie bei der öffentlichen Gesundheit klare Vorstellungen, welche Verhaltensweisen sich in weltweitem Maßstab ändern müssen – welche Industrien wir unterstützen, welche Arten von Energie wir kaufen, wie wir unsere Wohnungen heizen und kühlen, was wir essen, wohin und wie wir reisen, wie wir Müll verarbeiten, wieviel wir in kühne, nachhaltige Technologien und Programme investieren und wie oft wir in unseren Alltagsentscheidungen Nachhaltigkeit berücksichtigen".[148]

An anderer Stelle wird Frau Thunberg dann noch etwas deutlicher: „Und wenn es um Klimagerechtigkeit geht, kennt Demokratie keine Grenzen. Nichts (…) wird passieren, wenn die Machthabenden nicht zur Rechenschaft gezogen werden"[149]! Davon ist durchgehend immer wieder die Rede, dass „Umweltsünder und alle, die es ihnen ermöglichen, zur Rechenschaft zu ziehen" sind[150]! Dem setzt K. Anderson zu allem Überfluss noch die Krone auf, indem er im Anschluss an einen früheren Klimagipfel doch tatsächlich „gute Menschen" entdeckt haben will, die „sich eine fortschrittliche, kohlenstoffarme und nachhaltige Zukunft" vorgestellt hätten[151]! Möglicherweise ist er ja der Erfinder des Gutmenschentums!

Bemerkenswert ist, dass in diesem Zusammenhang beinah alle Autorinnen immer wieder von ‘wir‘ sprechen! Wer ist ‘wir‘, eine Weltregierung oder irgendeine Regierung in z.B. Deutschland oder Europa? Wer maßt sich hier an, Strafen aussprechen zu wollen – und

---

[148] Thunberg (2022), S. 406

[149] Ebd., S. 395

[150] Vgl. ebd., S. 412

[151] Vgl. ebd., S. 222

wem gegenüber? Wer soll darüber bestimmen? Muss man sich vor diesem Hintergrund unter Umständen ein Politbüro der ökologischen Einheitspartei Deutschlands vorstellen? Und leistet man sich ggf. auch eine Chefideologin innerhalb dieses Gremiums? Vielleicht könnte man ja grüne Arbeitslager der Wiedergutmachung errichten! Und wie wäre es mit einer Päpstin im grünen Gewand, der sämtliche Schäflein der Welt im Sinne des Klimas zuarbeiten (dürften)? Nobert Bolz fordert völlig zurecht, dass es die eigentliche Aufgabe der Medien sei, „diese(r) Einheitspartei der Gutmenschen mit der Realität zu konfrontieren“[152].

Ungemein beruhigend ist dann allerdings, dass, „was Klimaschuld angeht, (…) nur sehr wenige von uns etwas zu befürchten“ hätten – eine Begnadigung vonseiten einer neuen Gottheit? In Bezug auf die Kunst zeigt sich ebenfalls eine gönnerhafte Großzügigkeit: „Auch Kunst zu schaffen ist eine emissionsarme Tätigkeit. In einem gerechten Wandel würden wir solche Arbeiten als grün anerkennen und ihnen Vorrang einräumen, weil sie unser Leben verbessern und unsere Gemeinschaften stärken“[153]!

Dieses allmächtige ‘wir‘ weiß auch, wie die Zukunft aussehen wird und wie glücklich die ‘neuen‘ Menschen in einer ‘neuen‘ Welt sein werden! „Tatsächlich wissen wir, dass es möglich ist, die menschlichen Bedürfnisse auf einem hohen Niveau zu befriedigen und dafür weniger Energie und Ressourcen einzusetzen, als die reichen Länder dies gegenwärtig tun“.[154] Das menschliche Wohlergehen soll Ziel der Wirtschaft sein und „wir entscheiden“, welche Wirtschaftsbereiche gefördert werden, hin zu einem „Gleichgewicht mit der lebendigen Welt“! Und es soll keineswegs ‘nur‘ eine Klimakatastrophe verhindert werden, sondern „wir“

---

[152] Bolz (2023), S. 34

[153] Vgl. Thunberg (2022), S. 432

[154] Vgl. ebd., S. 343

können auch „eine bessere Welt" schaffen.[155] „Fast jeder von uns hat die Fähigkeit, Freude und Glück zu empfinden. Doch die meisten leben die meiste Zeit unter Umständen, in denen sie solches Glück nicht zu empfinden vermögen"! All das wissen sie! Diese Damen und Herren 'wissen' auch, dass es uns allen besser ginge ohne den Kapitalismus! Und sie 'wissen' ebenfalls, dass der Kapitalismus die Klimakrise bewirkt habe, nicht der Mensch,[156] obwohl (sonst) niemand weiß, wie es andernfalls möglicherweise gelaufen wäre, wobei über den alternativen Sowjetsozialismus und auch den chinesischen doch inzwischen einiges bekannt sein dürfte. Bereits nach dem Lesen weniger Seiten wird bei Thunberg deutlich, dass nicht selten mit anmaßenden Behauptungen und Verallgemeinerungen gearbeitet wird. Aber wenn der Zweck in alter Tradition religiösen Dimensionen unterliegt, müssen sich die Mittel natürlich beugen! Dementsprechend gilt auch hier wieder: „Meinung genügt" (vgl. Precht/Welzer)!

Besonders deutlich wird dieses überdimensionale 'Wissen' an dem Beitrag von Per Espen Stoknes der nach siebenjährigen(!) Überlegungen und einem Brüten über „von Fachleuten überprüften Artikeln" zum Ergebnis gelangte, dass es „fünf Defizite des menschlichen Gehirns" seien, die es dem Menschen so schwer machen, „vom Klimaalarm zum aktiven Klimaschutz überzugehen"! Dabei reduziert er, auf der Grundlage seines verengten Umweltbewusstseins und der Erfahrungen des Scheiterns entsprechender Multiplikatorinnen, die Mängel des Gehirns beim Menschen auf fünf „mentale Barrieren: Distanzierung, Untergang, Dissonanz, Verleugnung und Identität", Begriffe, die in völlig unzulässiger Weise, ihrer grundlegenden Bedeutung wissenschaftlicher Disziplinen beraubt, mit der einfachen Praxis des Herrn Stoknes willkürlich assoziiert und, entsprechend seiner

---

155 Vgl. Thunberg (2022), S. 382

156 Vgl. ebd., S. 341

Intention, dann semantisch 'bereinigt' werden! Immerhin scheint er aber erkannt zu haben, dass man nicht „immer wieder den Untergang an die Wand" malen sollte[157], womit er sich natürlich im Widerspruch befindet zu Thunbergs: „I want you to panic".

Ganz besonders bemerkenswert ist, dass man sich immer wieder auf *die Wissenschaft* beruft, ohne zu meinen, darauf hinweisen zu müssen, dass es sich um eine bestimmte Zielrichtung von Wissenschaft handelt, nämlich einer Klimawissenschaft, deren Messgeräte eben – vor dem Hintergrund ihrer Gutmensch-Intentionen – nicht immer so ganz objektiv sein dürfen, unabhängig davon, dass der Klimawandel natürlich nicht zu leugnen ist und aus dieser Erkenntnis heraus beträchtliche Anstrengungen, sowohl national als auch in erster Linie global, notwendig sind! Trotzdem muss immer die Frage bleiben, um welchen Preis das geschehen sollte/kann. Auch wenn die Ideologinnen um Frau Thunberg immer wieder eine Art Weltuntergang in naher Zukunft an die Wand malen, so sind ihre zugrundeliegenden Indikatoren – auf die Zukunft gerichtet – doch entschieden zu 'mutig', vor allem dadurch, dass allein die technologische Innovation in keiner Weise voraussehbar ist, ganz abgesehen davon, dass mithilfe von Utopien sowie Spiritualität, womit „wir das Heilige berühren"[158], keine sachlich-rationale Auseinandersetzung mit dem Klimawandel möglich ist! „Denn im Gegensatz zu wissenschaftlichen Systemen, die auf der ständigen Suche nach dem Zweifel aufbauen, basieren Glaubenssysteme auf dem Zweifelsverzicht. Die größten Fehler der Menschheit entstanden nicht, weil Menschen zweifelten. Sondern weil sie sich absolut sicher waren, das Richtige zu tun"[159]! Wissenschaft lebt von der Kontroverse und es gibt, gerade in Sachen Klima, keineswegs 'die Wissenschaft', der wir, geht es nach Frau Thunberg und auch

---

157 Vgl. Thunberg (2022), S. 370 f.

158 Vgl. ebd., S. 459

159 Ebert (2022), S. 100 f.

Frau Kemfert, folgen sollten. Denn obwohl es vor den Augen eines weltweit zu beobachtenden Klimawandels (auch) zum Vorwärtskommen gehört, über Messresultate hinausgehende neue schöpferische Ideenverbindungen und Fragestellungen zu entwickeln, so sollte es im positivistischen Sinne doch noch erlaubt sein, zu fragen, inwieweit entsprechende Messergebnisse von der Individualität des Messenden, von Ort und Zeit der Untersuchung sowie von sonstigen Begleiterscheinungen abhängen.[160] Das gilt insbesondere dann, wenn die betreffenden Wissenschaftlerinnen und Wissenschaftler daraus zum Teil überaus leichtfertige Zukunftsprognosen ableiten und diese nicht selten mit 'Wissen' verwechseln.

Wenn Frau Kemfert beispielsweise äußert, „Das fossile Zeitalter ist zu Ende"[161] und irgendjemand hätte den Schuss noch nicht gehört, so könnte das natürlich sein. Aber es wäre zunächst auch noch ganz anders denkbar! Solange China, Indien, Russland, der gesamte amerikanische Kontinent, der Mittlere und Vordere Orient und möglicherweise sogar entwickelte afrikanische Staaten den Schuss, von dem Frau Kemfert spricht, gar nicht gehört haben, weil sie so weit weg wohnen, wird die fossile Epoche noch längst nicht zur Neige gehen! Selbst wenn die von Frau Kemfert stolz verkündeten (in 'Scientists for Future' organisierten) 26.000 Wissenschaftlerinnen und Wissenschaftler ihrer Voraussage zustimmten, so würde das die Wahrscheinlichkeit des Eintretens dieser Prognose keineswegs erhöhen! Und erst recht nicht, wenn irgendwelche Denkfabriken (eine Art Politbüro-Verschnitt der Freien Welt und so ziemlich das Gegenteil aufklärerischer Gedanken) sich solchen Prognosen anschließen sollten. In diesem Zusammenhang soll hier nicht unerwähnt bleiben, dass gut unterrichtete Kreise von stolzen Journalisten gehört haben wollen, die sich auf der Nachrichtenebene

---

[160] Vgl. Planck (1941), S. 18 ff.

[161] Kemfert (2023), S. 128

zu überschwänglicher Dankbarkeit verpflichtet fühlten, wenn man ihnen einen Aufenthalt nur in der Nähe von Denkfabriken erlaube!

Sollte nun das von Frau Kemfert prophezeite „Ende“ des fossilen Zeitalters außerhalb Europas noch weitgehend auf sich warten lassen, so wäre das in Bezug auf die Klima-Politik der EU (von der unbedeutenden BRD gar nicht erst zu reden) mit einem herben Rückschlag verbunden, der bedauernswert, aber leider zumindest denkbar wäre, zumal die weltweiten Einflussmöglichkeiten von Staaten mit sogenannter Vorreiterrolle dann vorerst ohne nennenswerten Belang blieben. Nur auf der Grundlage internationaler Abkommen, so schwierig diese auch immer zu erzielen sind, kann Klimapolitik konstruktiv wirksam werden! Mit Kompromisslosigkeit und nationalen (aktionistischen) Alleingängen um jeden Preis wird der heiße Kopf einer handlungsschwangeren Minderheit vielleicht etwas gekühlt, aber der Planet Erde keineswegs! Und könnte es sogar sein, dass Staaten, die über die modernsten Waffensysteme verfügen, in dieser Richtung auch noch ein Wort mitreden wollen?

Wer den Menschen jedenfalls über Normen und Gesetze (in einer wie auch immer gearteten Form von ökologischem Sozialismus) bis ins Detail neu 'konzipieren' will und sich dazu auch noch anmaßt, zu wissen, wie sich dieser Mensch danach fühlen wird, weiß ganz sicher nur sehr wenig über sich, die Menschheit sowie ihre Geschichte, was man früher einmal Bildung nannte: „Gebildete nämlich wären alles andere als jene reibungslos funktionierenden flexiblen, mobilen und teamfähigen Klons“[162], die kein Interesse daran haben, fremdbestimmte Strukturen zu erkennen, um ihre Karriere nicht zu gefährden, wobei es interessant wäre zu untersuchen, inwieweit *speziell* die moderne Wissensvermittler-Schule (tendenziell spätestens seit ca. 2005) in Deutschland auch

---

162 Liessmann (2010), S. 53

Vorbereiterin ist/war für eine wieder einmal aufkeimende Anfälligkeit bestimmter jugendlicher Gruppierungen hinsichtlich totalitärer Systeme aller Art.(?) Denn grundsätzlich ist es für nervöse, ungeduldige Menschen unbedingt förderlich, wenn sie in ihren vorwiegend von Emotionen geleiteten Aktivitäten in Verbindung mit ihrem Glauben an die Unfehlbarkeit ihrer Chefideologinnen nicht durch zusammenhängendes Denken abgelenkt oder gar verunsichert werden. Für diese Menschen wäre es nicht förderlich, wenn sie eines Tages ins Denken geraten würden, denn sie wollen/sollen ja im engeren Sinne handeln! Inwieweit in diesen Fällen auch tiefe Frustration zugrunde liegen könnte und S. Freud möglicherweise seine helle Freude hätte, soll hier nicht weiter erörtert werden.

Aber wie schnell gerät menschliches Handeln zum Selbstzweck und in der großen Masse geht der Blick auf den Einzelnen und das Wesentliche leicht verloren. Vielleicht wären einige grüne Radikale in Deutschland noch rechtzeitig zu Verstand gekommen, wenn sie bei der Rede von Papst Benedikt im Bundestag zugehört hätten, statt, getrieben von einer unerträglichen Selbstüberschätzung, den Saal zu verlassen! Wenn man es auf einen Punkt bringen wollte, hatte der damalige Papst 'lediglich' auf die Binsenwahrheit aufmerksam gemacht, auch der Mensch gehöre zur Natur! Und ganz sicher meinte Benedikt damit alle Menschen, schwarze, weiße, braune, gelbe, rote und selbstverständlich auch grüne!

Jedenfalls kann sich der Verfasser keinen halbwegs gebildeten (emanzipierten!) Menschen in Europa vorstellen, der im Hinblick auf das angestrebte Weltbild radikaler Klimaideologinnen nicht unwillkürlich an den Sowjetmenschen denkt, von dem viele (u.a. auch namhafte Professoren aus der DDR, die kurz vorher noch mit dem deutschen Übermenschen konfrontiert waren) nach dem Weltraumflug des Juri Gagarin glaubten, er sei allen anderen seiner Gattung weit überlegen, wenn sie es nicht vorher schon geglaubt hatten, und der nach dem Fall der Mauer vereinzelt hoch erfreut war über eine Westzigarette und/oder eine Flasche Bier! Bleibt zu hoffen, dass der Leser hier keinen Funken an Kritik oder gar Häme herauszulesen vermag! Ganz im Gegenteil, diese Begebenheiten zeigten, dass der ehemalige Sowjetbürger trotz unermesslichen Drucks von oben und der furchtbaren Opfer, die sein Volk im letzten Jahrhundert erleiden musste, doch Mensch geblieben war! Das Gefährlichste, was passieren kann, ist der Versuch, irgendeine Menschengruppe oder einen Einzelnen zu idealisieren! Im letzten Jahrhundert haben die Ideen eines deutschen Übermenschen und des Sowjetmenschen furchtbares Leid über die Menschheit gebracht, während die SU ein junges Beispiel dafür bietet, dass auch nicht-kapitalistische Staaten imperialistisch sein können, wobei es sich erübrigt, an all die (vorkapitalistischen) Weltreiche zu erinnern, die erfolgreich bemüht gewesen waren, ihr Imperium zu vergrößern, um u.a. andere Völker ausnutzen zu können. Ganz abgesehen davon, hat kein „Rassen-Weltreich“[163], was immer das sein mag, die industrielle Revolution und den Klimawandel allein bewirkt!

Ist die Folge nun ein über allem stehender Ökomensch? Es bleibt zu hoffen, dass die Demokratie(n) genug Kräfte mobilisieren kann/können und wehrhaft bleibt/bleiben, um einen solchen Wahnsinn zu verhindern, denn eines kann jetzt schon mit an Sicherheit grenzender Wahrscheinlichkeit prognostiziert werden; sollten die Vorstellungen all der gläubigen Klimastrategen um Frau Thunberg im Falle eines Falles (in ihrem errichteten System) nicht aufgehen (Weltfrieden, Volkseigentum, kostenlose Energie, Ende der Profitgier, Gleichheit, Nachhaltigkeit, Gendergerechtigkeit…) so werden sich die Hardliner entsprechend in Szene setzen, denn die Ideologie kann ja nicht geirrt haben, nur einige (‘schlechte‘) Menschen aus dem Volk haben nicht ‘richtig‘ mitgemacht – aus der Sicht eines ‘Gutmenschen‘ allzu logisch! Die Marxisten & Leninisten

---

[163] Thunberg (2022), S. 451

nannten entsprechende (radikalste!) Maßnahmen: Primat der Politik; übersetzt ins Neuökologische: Primat des Klimas…(?)

Apropos sicheres 'Wissen'… So heißt es übrigens: „Wir wissen, wie wir Energie in Batterien oder in Form von Wasserstoff speichern"[164]! Wenn diese offenbar Allwissenden das 'wissen', so würde es doch höchste Zeit, dass sie diese Errungenschaft endlich aus der Versenkung holen und der Welt zur Verfügung stellen, denn genau hier liegt ja nach wie vor das große Problem der Energiegewinnung/-speicherung auf der Grundlage von Windkraft. „Wenn im Fernsehen ein rhetorisch geschulter Energiewende-Experte erklärt, dass man mit smarten Netzen oder revolutionären Durchbrüchen in der Solar- und Windtechnologie kurz vor einer goldenen Zukunft steht, dann ist das ein physikalischer Taschenspielertrick; der begrenzende Faktor von Wind- und Sonnenkraft liegt *nicht* in der angeblich noch nicht ganz ausgereiften Technologie, sondern an ihrer katastrophal schlechten Energiedichte." Deshalb ist ihre Umwandlung in elektrische Energie „extrem aufwendig und kostenintensiv"![165] Über dieses kolossale Problem wird natürlich, zumal in Deutschland, nicht so gern gesprochen – auch das wäre doch einmal ein Thema für unsere Medien, denn manch einer kann sich sicherlich daran erinnern, wie leichtfertig vor diesem Hintergrund ganz offensichtlich aus der Atomkraft ausgestiegen wurde. Damit aber nicht genug, der deutsche Bürger konnte sich damals kaum noch retten vor falschen Propheten, die sich gegenseitig überschlugen mit Verlautbarungen, man könne noch früher aussteigen, die Energieversorgung sei schon bald alternativ gesichert und Strom würde billiger! Wer hätte gedacht, dass auch damals schon Ideologinnen/Ideologen am Werk

---

[164] Thunberg (2022), S. 246

[165] Ebert (2022), S. 65

waren, die möglicherweise auch mit hoch dotierten Beraterverträgen ausgestattet waren, in der Medienlandschaft als 'Experten' gehandelt!

Auch auf der Grundlage dieses geradezu inflationär verwendeten Begriffs wird der Leser, Hörer oder Seher immer wieder gern an der Nase herumgeführt! Diesbezüglich wäre es einmal interessant zu erfahren, ob es in anderen Medienlandschaften weltweit auch so gehandhabt wird, dass 'Experten' zumeist brauchbare 'Experten' bleiben, vollkommen unabhängig davon, welchen Unsinn diese schon so alles von sich gegeben haben. (?)

Ohne jeden Zweifel brauchen wir in Deutschland eine Energiewende, aber nur im (höchstens etwas weiteren) Rahmen der bisherigen sozialen Marktwirtschaft der Bundesrepublik Deutschland und ohne jegliche Bevormundung in Sachen Demokratie von links-grünen feministisch dominierten Gruppierungen, die eine parlamentarische Demokratie ohne Wenn und Aber letztlich hinter sich lassen wollen! So ist der von Frau Kemfert geforderten 'Wärmewende' unumwunden zuzustimmen, aber keineswegs dahingehend, dass erneuerbare Energien angeblich zwangsläufig „Friedens-, Freiheits- und Wohlstandsenergien" seien! Das ist keineswegs sicher und nichts als simple Propaganda! Grundsätzlich verdient ihre Kritik an „fossilen Scharlatane(n)", die Gas noch lange als „Brückentechnologie" nutzen wollen, sowie ihre Forderung, nach einem Kohleausstieg gleich den Gasausstieg folgen zu lassen, volle Zustimmung[166]. Aber wo bleibt ihre Kritik am voreiligen Ausstieg aus der Atomkraft, der ganz sicher auch zu einer größeren Abhängigkeit von Russland führte, während sie nicht einmal die Abschaltung der letzten drei (bis dahin noch vollkommen intakten) Atomanlagen infrage stellt? Sind die Prognosen über die zukünftige Energieversorgung in Deutschland so zuverlässig, dass sie es rechtfertigen, die letzten drei Atommeiler (ohne jede Not!) aus

---

166 Vgl. Kemfert (2023), S. 245

dem Verkehr zu ziehen? Um Scharlatane besonderer Ausprägung handelt es sich ohne Zweifel bei Menschen, denen die Stilllegung von Kohlekraftwerken angeblich so wichtig ist, dass sie sogar bereit sind, massive Gewalt auszuüben, während sie die Nutzung (nur einiger bereits bestehender) Atomkraftwerke ebenso radikal ablehnen! Dass der in seiner Unberechenbarkeit stets berechenbare Wirtschafts- und Umweltminister der Bundesrepublik Deutschland hier noch einen draufsetzte, indem er der Ukraine gut zusprach, weiterhin auf Atomkraft zu setzen („Die Dinger sind ja gebaut"), während man den Bürgern der Bundesrepublik diese CO2-neutrale Energiegewinnung aus bereits errichteten 'Dingern' vorenthält, ist mit Unverfrorenheit noch gelinde umschrieben!

Allerdings zeigt sich bei dieser Problematik auch erneut die große Führungsstärke unseres SPD-Bundeskanzlers, für den es ein Leichtes gewesen wäre, die Laufzeiten der drei Kraftwerke kraft Amtes bis auf Weiteres (als eine Art Backup) zu verlängern, ganz abgesehen davon, dass ihm das in der Bevölkerung breite Zustimmung gebracht hätte und seiner Partei sicherlich einige Umfragepunkte und der AFD vielleicht einige weniger! Man muss zudem kein hoher Gelehrter sein, um zu konstatieren, dass in Sachen Atomkraft wahrscheinlich noch nicht das letzte Wort gesprochen wurde, denn wenn selbst ein Professor für angewandte Ethik, K. Steigleder von der Uni Bochum, die Abschaltung der drei Meiler für einen 'Irrtum' hält, falls man es mit dem Klimawandel überhaupt ernst meine, dann sollte das doch zum allgemeinen Innehalten Anlass geben!

Auf der anderen Seite ist es zweifellos auch durchaus skandalös zu nennen, dass noch im Jahr 2021 600.000 Gasheizungen – sogar aufgrund staatlicher Förderungen – in Deutschland eingebaut und im Verhältnis dazu lediglich 150.000 Heizungswärmepumpen installiert wurden. In dieser Hinsicht ist es mehr als berechtigt, mehr Wärmepumpen zu fordern und Häuser schneller einer besseren

Isolierung zu unterziehen, jedoch ist auch hier zu bedenken, um welchen Preis das geschieht. Über die 65% erneuerbarer Energien im Heizungsbereich kann man/frau wohl sicherlich streiten, aber wenn Frau Kemfert – stellvertretend für alle radikalen 'Klimafreundinnen' – auf der Grundlage strenger Vorgaben „möglichst schnell ausschließlich 100% erneuerbare Wärmepumpen" fordert, indem sie sich auf „unsere wissenschaftsbasierte Kommunikation" beruft, so ist das nichts als eine unvernünftige Anmaßung, mit der weite Teile der Bevölkerung weder vom Sitze noch aus ihrer zumeist finanziellen Begrenztheit zu reißen sind! Außerdem müssen, bevor man/frau solche Forderungen stellt, zunächst einmal die wirtschaftlichen Ressourcen geprüft werden, nicht nur Fachkräfte, sondern auch die Zulieferung entsprechender Bauteile betreffend. Darüber hinaus liegt bei der nicht nur von Frau Kemfert angemahnten kompromisslosen Eile in Sachen Energiewende der Verdacht nahe, dass die zu erwartende erhebliche Zunahme des Energiebedarfs bei den Planungen nur ungenügend Berücksichtigung findet, zumal immer nur vage betont wird, dass es Einsparungen geben müsse, die der Bevölkerung zuzumuten seien, während grundsätzlich offen bleibt, in welchem Maße Opfer erbracht werden müssen und was es den Staat kosten wird, wenn zu erwartende soziale und wirtschaftliche Härtefälle abgefedert werden sollen/müssen. Könnte es sein, dass die Bevölkerung der BRD (und auch der Finanzminister?) zunächst einmal vor vollendete Tatsachen gestellt werden soll – wieder einmal ohne einen Plan B? Man darf gespannt sein, wie das (an sich richtige) Quasiverbot von Ölheizungen in dieser viel zu geringen Zeitspanne umgesetzt wird, was es letztlich für den Einzelnen kostet und wer es bezahlt, ganz abgesehen davon, dass Stromnetze überlastet sein könnten. Falls darüber hinaus, wie zu hören ist, neue Gaskraftwerke zur Stromerzeugung errichtet werden sollen, wäre das vor dem Hintergrund des Atomausstiegs *der* Skandal unter den Skandalen! Im Gegensatz dazu hätten generelle Auflagen für Neubauten in Bezug auf Solardächer und Heizungsanlagen sowie auch in Bezug auf die

Errichtung von Gartenanlagen schon längst erfolgen können, „denn mit der Solaranlage auf dem Dach oder dem Balkon produzieren wir nicht nur Strom, den wir selbst mittels Wärmepumpe direkt zum Heizen nutzen können. Sondern die damit verknüpfte Hausbatterie wird beispielsweise gleichzeitig zum dezentralen Energiespeicher". Auch der „riesige unterirdische Wärmespeicher" in Hamburg, von dem Frau Kemfert völlig zurecht schwärmt,[167] könnte auf der Grundlage von aufgeheiztem Vulkangestein eine Übergangslösung hinsichtlich des Speicherproblems darstellen.

Grundsätzlich sind Regelungen über den Preis jedoch Verboten vorzuziehen, wobei die Verteuerung einer LKW-Maut mal wieder in unnachahmlicher Weise zeigt, wie man es nicht machen darf! Denn welche Alternative bietet sich zurzeit für den LKW-Betreiber? Dagegen ist es selbstverständlich, dass der Preis für Strom, Öl und Gas relativ hoch bleiben muss, sodass es sich lohnt, weniger zu verbrauchen. Aber es darf nicht so weit gehen, dass deutsche Unternehmungen im Vergleich zu ausländischen kaum oder nicht mehr konkurrenzfähig sind! Denn je geringer die Steuereinnahmen, desto weniger Klimapolitik ist möglich, das ist eine Binsenwahrheit! Und auch hier wäre es eigentlich Aufgabe der Medien (zumindest in den Wirtschaftsteilen), darauf aufmerksam zu machen, denn die Chefideologinnen der links-grünen Bewegung werden das nicht tun, zumal sie bereits von einer hohen Reichen- und Erbschaftssteuer träumen, die aber nur kurzfristig für den Staatshaushalt Abhilfe schaffen könnte; das Interesse am Wirtschaftsstandort Deutschland würde parallel dazu rapide sinken. Damit wäre der Teufelskreis einer zunehmenden Deindustrialisierung (des „totalen Umbaus" der U. Herrmann) endgültig erreicht, in dem marktwirtschaftliche Aspekte und demokratische Strukturen mehr und mehr von sozialistisch anmutenden Anordnungen und Verboten verdrängt werden (müssten), um noch halbwegs sozialen Frieden zu gewährleisten,

---

[167] Vgl. Kemfert (2023), S. 280 f.

denn es wird dann allemal an dem mangeln, von dem die Thunberg-Ideologinnen großspurig verkünden, es sei genügend vorhanden: nämlich an Geld! Noch ist diesem Wahnsinn Einhalt zu gebieten, wobei nicht zuletzt auch unseren (äußerst wichtigen!) Verhältnissen zu Polen und Frankreich endlich wieder mehr Beachtung geschenkt werden muss, denn gerade diese beiden Nachbarn werden nicht vom deutschen Wesen Klima-Genesung erfahren wollen! Wie sehr Herrn Habeck die Interessen (noch) befreundeter sowie zahlreicher anderer Staaten der EU z.B. am Herzen liegen, zeigt allein seine im Verlauf des Anfang April stattgefundenen Ukraine-Besuchs geäußerte Forderung nach einem Importstopp russischen Urans, wovon nicht nur Frankreich massiv betroffen wäre! Wessen Interessen werden von diesem Minister der Bundesrepublik Deutschland eigentlich vertreten?

Während einige 'Experten' bei Thunberg ehrgeizigste Wege beschreiten wollen, um die CO_2-Emissionen merklich und global gerecht zu verringern („Eine konsumbasierte Berechnung der Emissionen berücksichtigt den vollständigen internationalen Einfluss der Endnachfrage nach industriellen Materialien und Erzeugnissen"!) und sogar „Investitionen in technologische Lösungen" anmahnen[168], wird die Atomkraft auch hier nur am Rande erwähnt, indem „Strom aus Kernkraftwerken und Windanlagen" in Bezug auf die Emissionen zunächst zwar immerhin auf einer Ebene genannt werden, während die Atomkraftwerke sonst jedoch (aufgrund ihrer „technischen Komplexität") eine begrenzte Energiequelle seien[169].

Aber wenn die Energieversorgung in Zukunft (sinnvoller- und notwendigerweise) immer primär im Verhältnis zu den unbedingt zu reduzierenden CO_2-Emissionen erfolgen soll, so müsste unter den

---

[168] Vgl. Thunberg (2022), S.284

[169] Ebd., S. 297

neu entstanden Bedingungen (Entwicklung der Technologie, Verfehlung ökologischer Ziele…) doch wenigstens wieder über Atomkraftwerke diskutiert werden, zumal bisher nur ca. 10% der weltweiten Energieversorgung auf diese Weise erfolgt. Wenn selbst Finnland wieder auf Kernkraft setzen will und auch Norwegen sich mit diesem Gedanken trägt, so zeigt das Verantwortungsbewusstsein für die Sache, wovon die Thunbergs ja immer so gern sprechen, denn legt man den derzeitigen Entwicklungsstand in Bezug auf die Möglichkeiten von Stromspeicherung zugrunde, der sich im Kleinen ja bis hin zu den Batterien in den E-Kraftwagen zeigt, so ist das offenbar ein vernünftiger und (gemessen an der bedeutend höheren Sicherheit neuerer Atomkraftwerke) sicherer Weg, um schneller und gezielter von Gas, Öl, Kohle und Holz als Brennelemente wegzukommen, wobei diese von Vernunft geprägte Wendung natürlich nicht mehr als ein gutes Beispiel gibt, denn global gesehen bedeutet das natürlich nicht einmal den berühmten Tropfen auf den heißen Stein, wenn man bedenkt, dass China zurzeit allein mehr Kohle verfeuert als die gesamte übrige Welt zusammen, gefolgt von Indien! Nach G. Ganteför haben nationale Umweltmaßnahmen nur dann einen Sinn, wenn sie auch global umsetzbar sind, wobei vor allem die zu erwartende weitere Zunahme der Weltbevölkerung in den Mittelpunkt rücken müsse. In diesem Sinne würde eine nationale (deutsche) Ideologie der globalen Realität nicht gerecht. Tatbestände, die in den Vorstellungen der deutschen Ideologin Frau Neubauer möglichst nur am Rande betont werden, um vermutlich die stets zum Handeln bereiten und benötigten Chaoten vor Ort nicht noch unnötig ins Grübeln zu bringen. Könnte es sein, dass es mit dem Kampf gegen den Klimawandel einiger Grüner in Deutschland gar nicht so ernst gemeint ist und es mehr um Macht und Geltungsbedürfnis geht oder 'nur' einfach gegen den Staat? In diesem Zusammenhang war es sicherlich vollkommen abwegig, sich darüber aufzuregen, dass irgendwelche Mitglieder der 'letzten Generation' einen weiten Urlaubsflug unternahmen oder mit einem alten Diesel zum Lahmlegen des Verkehrs anreisten usw. Was hatte man sich unter diesen 'Freunden der Natur' denn so vorgestellt? Darüber hinaus ist es an Naivität kaum zu überbieten, wenn in Bezug auf das überaus 'friedliche' Lahmlegen des Verkehrs oder des Beschmierens von Häusern immer mal wieder zu hören ist, damit würden diese linksradikalen Antidemokraten bei der Bevölkerung auf immer größere Ablehnung stoßen! Als ob es diesen, sich am Rande des Terrorismus befindlichen, Figuren darum ginge! Es geht um nichts anderes als um Macht und vor allem darum, diesen Staat zu provozieren und ihn regelmäßig in Grenzsituationen zu zwingen. Und wenn von grünen Straßen- oder auch Weggefährten in Deutschland immer wieder zu vernehmen ist, dass es ein Unding sei, inzwischen wieder über Atomkraft zu sprechen, wenn man 50 Jahre dagegen gekämpft hätte, so ist das an Erbärmlichkeit kaum zu überbieten, und mit diesen wichtigtuerischen, sich überschätzenden Ignoranten ist weder ein Staat noch irgendeine konstruktive Umweltpolitik zu machen, denn es wäre nicht die erste Generation, der es aufgrund neuer Bedingungen und Technologien aus dem Blickfeld geratener jugendlicher Ambitionen guttäte, im Alter entsprechende Trauerarbeit zu leisten!

Grundsätzlich haben Precht/Welzer natürlich Recht, wenn sie den „für alle Menschen gleichermaßen bedrohlichen Klimawandel" nicht politisch links einordnen wollen, aber wenn man die radikale Ideologie um Frau Thunberg, die maßgeblich ist für zahlreiche Mitglieder grüner Streitkräfte und deren Strategien (vor allem in Deutschland) zur Kenntnis nimmt, so stellt sich das ganz anders dar. Denn es soll permanent um eine „Störung der normalen Ordnung" sowie um „wirtschaftliche Nichtkooperation" gehen, was schließlich einen vollständigen Umbau der Gesellschaft hin zu einer Planwirtschaft nach sozialistischem Vorbild (gemeinschaftliches Eigentum...) bewirken soll, wobei Frau Thunberg ausdrücklich „unsere gesellschaftlichen Normen grundlegend ändern"[170] will –

[170] Thunberg (2022), S. 394

nicht von unten, sondern natürlich von oben, denn 'wir' wissen, was gut ist für die Menschheit und „haben nicht mehr die Zeit, Menschen nach und nach mitzunehmen", um auf „Gleichheit basierende Gesellschaften" zu errichten![171] Welcher aufrechte Demokrat würde diesen Ideologinnen/-logen zustimmen (können)?

Wenn nach einer UN-Umfrage 64% der Befragten Maßnahmen gegen den Klimawandel für notwendig halten, so ist das sicherlich eine ermutigende Zahl. Aber wie viele von ihnen wären bereit, sich den Radikalen um Greta Thunberg und nicht zuletzt auch denen in Deutschland anzuschließen, wenn sie wüssten, dass es denjenigen längst nicht nur ums Klima geht? (!) Wäre es hier nicht die Aufgabe der Medien, den Bürger zusammenhängend zu informieren und die zahlreichen (zweifellos notwenigen) Berichte über Umweltsünden entsprechend inhaltlich zu erweitern und somit der Wahrheit näherzubringen?

Aus Sicht der Ideologinnen des Klimas hört sich das so an: „Die Verantwortung, in den Beiträgen und Artikeln über diese Krise zu berichten und die Verantwortlichen zur Rechenschaft zu ziehen, liegt letztlich bei den Medien. Wenn eure Redaktionen diese Themen nicht ernst genug nehmen, sollte es eure Pflicht als Reporterinnen und Reporter sein, sie zu einem Sinneswandel zu bewegen."[172]

Über die Klimakrise (mit all ihren Facetten) permanent und in zunehmendem Maße zu berichten ist äußerst wichtig, aber Medienvertreter, denen die Demokratie am Herzen liegt, dürfen sich keinesfalls darauf beschränken, denn es ist etwas ganz anderes, ob Aktivitäten einzelner gesellschaftlicher Gruppierungen Zweifel an der Funktionsfähigkeit der Demokratie aufkommen lassen oder ob man von einer Gruppierung weiß, die eine ganz andere Gesellschaft

---

[171] Vgl. Thunberg (2022), S. 359

[172] Ebd., S. 478

errichten *will*! „Die Sympathie einiger Öko-Krieger gegenüber totalitären Gesellschaftsformen ist bedenklich.“[173]

Nichtsdestotrotz könnte man/frau Frau Thunberg unter Umständen immerhin noch gute Absichten bescheinigen und möglicherweise ‘nur‘ ein ihrer Jungend geschuldetes gehöriges Maß an Naivität, wenn sie auf folgenden Satz (im Sinne des Klimas!) verzichtet hätte: „Die Welt (…) wird regiert von Politikern, Konzernen und Finanzinteressen – vorwiegend vertreten von weißen, privilegierten, heterosexuellen Cis-Männern mittleren Alters“[174]! Wenn das heißen soll, dass z.B. schwarze, homosexuelle Männer jungen Alters aus einer Familie von Migranten, die erst Jahre nach der Geburt ihr Geschlecht entdeckt haben, solche Jobs zwangsläufig klimaneutral(er) verrichten würden, dann ist das lupenreiner Rassismus und Dummheit zugleich! Wo ist eigentlich der Unterschied zu einer lange staatenlosen Volksgruppe, der man jahrhundertelang, über viele Länder der Welt zerstreut, bescheinigte, ihre Menschen würden zumeist finanziell gesicherte Positionen anstreben, um weite Teile der jeweils einheimischen Bevölkerung auszubeuten? Bedauerlicherweise sind die Mitglieder dieses Volkes, das seine Identität – trotz Vertreibung – über Jahrhunderte hinweg bewahrte, keine schwarzen Menschen.

Allerdings sollte man Verständnis für diejenigen aufbringen, die solchen (an sich weltbewegenden) historischen Ereignissen keinerlei Bedeutung beimessen, weil sie wie Robert Habeck ‘wissen‘: „Es gibt kein Volk“! Dieser Märchenschreiber sollte nicht zögern, davon vor allem den Polen und Franzosen zu erzählen, die werden sich für die Vermittlung dieses neuen ‘Wissens‘ herzlich bedanken!

---

[173] Ebert (2022), S. 102

[174] Thunberg (2022), S. 218

M. Luther-King würde sich sozusagen im Grabe umdrehen, wenn er erführe, dass vorwiegend revanchelüsterne Menschen in den Reihen einer zunehmend radikalen (destruktiven!) Klimabewegung seine großen Ideale verraten, indem sie (als eine Art Naturgesetz?) einen Rassismus gegenüber weißen Menschen grundsätzlich ausschließen, was einige nicht einmal davor zurückschrecken lässt, zu behaupten, schwarze Menschen seien, aufgrund ihrer (vor allem in der Kolonialzeit) aufgezwungenen Opferrolle, die besseren Menschen und nun aus moralischen Gesichtspunkten berechtigt, die Machtverhältnisse umzukehren! Letztlich ist es „das Ziel des neuen Antirassismus, das Abendland innerhalb seiner Grenzen abzuschaffen."[175] Bezeichnenderweise leistet sich und bezahlt die Bundesrepublik Deutschland ausgerechnet eine 'Integrationsministerin', die dieses äußerst simple Gedankengut nur unwesentlich zu überschreiten scheint und damit natürlich weit unter ihrem Amt liegt! So ganz nebenbei erwähnt, müssten doch gerade diejenigen links-grünen Kapitalistenhasserinnen und -hasser, die diese Menschen im KLIMA-BUCH immer wieder zur Rechenschaft ziehen wollen, wissen, dass Kapitalistinnen und Kapitalisten keineswegs so wählerisch sind! Es ist ihnen völlig gleichgültig, über welche Hautfarbe ein Ausgebeuteter verfügt oder welchem Geschlecht er zugeordnet wird bzw. er sich selbst gerade zuordnet; allein entscheidend ist, wie viel Profit sich mit ihm erzielen lässt!

Aber wer nun meint, das 'Wissen' der Klima-Ideologinnen/Ideologen sei damit ausgeschöpft, sieht sich getäuscht! Sie 'wissen' auch: „Das für diesen Wandel benötigte Geld ist da"! Nicht zuletzt sollen viele neue Arbeitsplätze geschaffen und die „zahlreichen Öl- und Gasquellen auf der ganzen Welt" verschlossen werden.[176] Die Regierungen müssten 'lediglich'

---

[175] Finkielkraut (2023), S. 105

[176] Vgl. Thunberg (2022), S. 433

Subventionen entsprechend umlenken, „Steuern für die Reichen erhöhen, die Ausgaben für Polizei, Gefängnisse und Kriege reduzieren und Steueroasen schließen"! Zum Glück gibt es auch für eine zu erwartende Arbeitslosigkeit „eine einfache Lösung": die Arbeitszeit verkürzen, gleichmäßiger verteilen und Arbeitsförderungsprogramme auflegen! Ob hier eine Art Weltregierung geplant ist oder eine die Welt dominierende alleinige Weltmacht, die möglicherweise vorher Kriege im Sinne der Thunberg-Utopie geführt hat, bleibt leider offen. Oder sollte tatsächlich erstmals eine Weltreligion entstehen, mit einer unfehlbaren Päpstin an der Spitze, der wie einer Bienenkönigin fleißig zugearbeitet wird?

Sollte es sich am Ende jedoch um einen Staat oder eine Staatengemeinschaft handeln, so wäre doch ratsam, wenn sich diese Vorkämpferinnen und Vorkämpfer 'für eine bessere Welt' den Unterschied zwischen Geld und Kapital erklären ließen. Bevor die besten Fachkräfte dieses Staatengebilde verlassen würden, wäre das Kapital längst über alle Berge oder auch Gewässer! Einen kleinen Vorgeschmack bietet hier die Tatsache, dass bereits jetzt mehr als 150.000 Menschen dieses Land jährlich verlassen[177], dabei dürfte es sich erübrigen zu erwähnen, dass es sich vornehmlich um Wissenschaftler, Ingenieure und Fachkräfte handelt.

So ist es eben auch ein furchtbarer Irrglaube und durchaus typisch für linke Indoktrination, wenn man seinen Schäfchen vorgaukelt, der (noch) kapitalistische Staat könne durchaus, wenn er wolle, so viel Geld in die neue kohlenstoffarme Wirtschaft investieren wie nach der Finanzkrise 2008 oder während der Covid-19-Pandemie, denn zu diesen Zeiten gab es unter den Kapitalanlegern keinerlei Zweifel

---

177 Vgl. Ebert (2022), S. 203

am Fortbestand des gesellschaftlichen Systems und dem (für den Staat) damit verbundenen Wiederaufleben der Steuereinnahmen…

Nun kann sich der Mensch im Trubel seiner Emotionen ja durchaus irren, aber leider kommt der Irrtum im Rahmen einer Ideologie, die vorgibt, schon alles zu ‚wissen', bezeichnenderweise gar nicht vor! „So wie man die Kultur gegenwärtig versteht, ist die Herrschaft der Identität über das Denken erdrückend, nicht die geringste Ausnahme ist zulässig."[178]

Was sind das nun aber für Menschen, die sich den neuen gesellschaftlichen Normen der Frau Thunberg dann doch willfährig fügen (sollen)? Sind tendenziell freie Denker gefragt, die sich im Sinne von Kant des eigenen Verstandes bedienen, oder ist hier eher an den Mitläufer gedacht, der sich gern dem Mittelmaß einer 'fortschrittlichen' Bewegung (oder auch Wissenschaft) anschließt, um nicht weiter aufzufallen und keine Verantwortung für sein Handeln übernehmen zu müssen? Vor einigen Jahren bereits haben die grünen Ideologinnen und ihre feministisch ausgerichteten Mitstreiterinnen diese Frage bereits quasi beantwortet, indem von der jahrzehntelang propagierten Forderung nach einer Emanzipation der Frau abgerückt wurde. Das entbehrt zweifellos nicht einer gewissen Logik, denn eine Frau, die gelernt hat, sich von Normen und Zwängen (nicht nur denen des Mannes) zu befreien, wird sich nicht gleich neuen (anderen) unterwerfen, zumal der Prozess einer Emanzipation ja nie abgeschlossen sein kann. Außerdem liegt es in der 'Natur' einer Ideologie, grundsätzlich nicht hinterfragt werden zu wollen, denn ihre Protagonistinnen haben Wege und Ziele ja schon (für alle) vor- und mitgedacht, während sie zudem ja sowieso schon 'wissen', was in der Zukunft gut ist für Mensch und Natur. Ein Thunberg-Staat, der den Bürgern bis ins Detail vorschreiben will, wie sie zu leben haben, baut auf den

[178] Finkielkraut (2023), S. 103

Unmündigen und keineswegs auf Menschen, die sich aus ihrer 'selbstverschuldeten Unmündigkeit' weiter befreien sowie beispielsweise alternative Strategien zum Umweltschutz diskutiert haben wollen. Im Hinblick darauf wäre eine gleichgesetzte (systemkonforme) Frau in so manchen Positionen sicherlich dankbarer und nützlicher als eine emanzipierte, die möglicherweise sogar peinlich berührt ist, einfach so irgendwo von bzw. mit irgendjemandem gleichgesetzt zu werden. Wenn immer wieder mal zu hören war/ist (u.a. auch von Precht), der Mensch brauche oder wünsche sogar feste Regeln, so trifft das ganz sicher vornehmlich auf autoritär strukturierte Bürgerinnen und Bürger zu, „daher übt dann auch eine Ideologie, für die einerseits die Natur eine Allmacht darstellt, der man sich unterwerfen müsse, (…) auf autoritäre Charaktere mächtige Anziehung aus; schon beim bloßen Lesen und Hören fühlen sie sich mächtig angezogen und befriedigt."[179] Je näher der Mensch jedoch auf den Spuren Kants wandelt und sich entsprechend, stets ein identisches Selbst bewahrend, in den verschiedensten Situationen mit seiner Umwelt auseinandersetzt, desto weniger trifft das zu! Denn der Triumpf der Rationalität und die Emanzipation des Menschen von Autorität und Fremdbestimmung fallen zusammen[180]; Freiheit und Aufklärung bedingen sich wechselseitig.

Wie sehr die Ideologinnen um Thunberg jedoch auf den Mitläufer setzen und weniger auf einen konstruktiven Diskurs unter Demokraten, zeigen vor allem die Ausführungen von Erica Chenoweth zu „Die Macht des Volkes", wo einerseits von der >3,5-Prozent-Regel< gesprochen wird, die möglicherweise ausreiche, um eine Regierung zu stürzen, während andererseits (auf Damon Centola bezogen) davon ausgegangen wird, dass 25% auf jeden Fall

---

179 Fromm (1978), S. 275

180 Vgl. Lempert (1974), S. 27

genügen würden.[181] So ganz unwahrscheinlich ist das sicherlich nicht, zumal dieses Viertel vermutlich in der Lage wäre, genug Mitläufer zu mobilisieren, die ja immer schon längst in den Startlöchern sitzen. Denn dieser Menschenschlag, den, mit Ausnahme einer intakten demokratischen, jede autoritär organisierte Gesellschaft so dringend benötigt, gehört stets zu den zwanghaften Optimisten, die Neuerungen, seien sie auch noch so problembehaftet oder gar gefährlich, gar nicht selten als so etwas wie 'spannend' bezeichnen, um ja nicht außen vor zu bleiben oder gar als unmodern zu gelten. Er ist immer auch ein Gläubiger, der sich erst inmitten von Glaubensgenossen sicher und geborgen fühlt – auf geraden (eindeutig vorgegebenen) richtungsweisenden Wegen, möglicherweise dadurch begünstigt, weil er der 'ewigen' Diskussionen der Politik über ihm weitgehend fremde Themen überdrüssig ist und nicht mehr weiß, welchen Medien er überhaupt noch glauben soll. Auch in Bezug darauf sollten diese sich endlich vom reinen Meinungsjournalismus abwenden und ihrem Verantwortungsbewusstsein gegenüber der parlamentarischen Demokratie (endlich wieder) nachkommen, denn auf den Mitläufer ist ggf. leider immer Verlass!

Wie leicht sich dieser Bürger selbst im Rahmen einer Demokratie für fremdbestimmte Interessen und Ziele instrumentalisieren lässt, zeigt u.a. die 'fortschrittliche' Stadt Osnabrück. So heißt es in der NOZ vom 07.04.2022: „Über das Internet ist es Bürgern möglich, der Stadt OS Falschparker zu melden. Nicht wenige nutzen diese Möglichkeit"! So wurden, wie es heißt, allein im Jahr 2021 über 1.100 private Anzeigen erhoben! Hierzu installierte die Stadt extra eine App, die es, von eklatanten Übertretungen vor Einfahrten oder von „Dauerparkern" usw. einmal abgesehen, den willfährigen Menschen erleichtern soll, sich (endlich einmal) wichtigtuerisch in Szene zu setzen und zur Ordnung beizutragen. So etwas wäre in Staaten wie

---

181 Vgl. Thunberg (2022), S. 402

Frankreich oder Italien nicht denkbar und schon gar nicht hat das irgendetwas mit Verantwortungsbewusstsein zu tun! Aber in Sachen Denunziantentum verfügen die Deutschen ja nun einmal über weitreichende Erfahrungen...Auf dieser Grundlage wird es aller Voraussicht nach dann schon bald möglich sein, ideologisch manipulierte Bürger dafür zu gewinnen, 'Gutes' zu tun und umweltmäßig 'falsch' beratene Mitbürger bei eigens dafür geschaffenen Behörden anzuzeigen, wobei zu befürchten ist, dass ein 'Umweltrecht', was immer das im Einzelnen sein mag, dem Eigentumsrecht zukünftig mindestens gleichberechtigt gegenüberstehen wird, weil davon auszugehen ist, dass (wieder einmal) karrieregeile Richter - dieses Mal im Sinne einer *grünen* Ideologie - mehr und mehr vom Richterrecht Gebrauch machen werden, wenn es denn, was wenigstens zu hoffen bleibt, nicht gelingt, das Grundgesetz entsprechend zu ändern. Und wenn die für das DIW maßgebliche (ideologisch erheblich eingeengte!) Wissenschaftlerin Frau Kemfert unverhohlen vom ‚Fetisch des Privateigentums' spricht sowie zumindest den nichtsahnenden Mitläufer mit dem Begriff ‚Gemeinwohl-Ökonomie' zu manipulieren gedenkt, so dürfte dem Letzten klar werden, welche radikalen Geister sich unter dem Deckmantel ‚fortschrittlicher' Wissenschaften verstecken und welche weltanschaulichen Ziele sie rücksichtslos verfolgen (werden)! Ob die Leitmedien hier im Falle eines Falles wohl ihrer Aufgabe als 'vierte Gewalt" (endlich wieder!) gerecht werden würden?

In Bezug auf die Medien wäre G. Thunberg ja grundsätzlich durchaus noch zuzustimmen (sieht man einmal von ihrem mangelhaften Demokratieverständnis ab), wenn sie gefordert hätte: *Die wichtigste Aufgabe für Journalistinnen und Journalisten ist es, das Publikum mit allen Informationen zu versorgen, nicht zuletzt, damit Bürgerinnen und Bürger gut begründete demokratische Entscheidungen zu treffen vermögen.* Sie schreibt jedoch nicht etwa „mit *allen* Informationen", sondern nicht von ungefähr „mit den benötigten“![182] Denn jeder ‘Gutmensch“ sähe sich schon bald genötigt, erst einmal das Denken vor das Handeln (im engeren Sinne) zu stellen und sich von seinem simplen Aberglauben zu befreien, würde er sich allen (auch erdenklichen) Informationen über die Komplexität der Ereignisse aussetzen. Welche/r Klimaideologin/-ideologe (selbst in Presse, Funk und Fernsehen…) hätte daran Interesse?

Setzt man nun auch noch Frau Thunbergs überaus rassistische Klage über die heterogenen Cis-Männer in Spitzenpositionen der Wirtschaft ins Verhältnis zur im KLIMA-BUCH durchgehend geäußerten Behauptung, dass ein angestrebter politischer Wandel im Sinne des Klimas nicht ohne Gleichheit und Gendergerechtigkeit möglich sei, sowie zur „ökofeministischen Klimaaktivistin“ (L.V. Muñoz), die „die Macht der Erde und der Frauen“ begreife (u.a.), so könnte hier der Eindruck einer maßlosen Idealisierung der Frau entstehen, wobei nicht selten sogar einer wundersamen Verwandtschaft zwischen Feminismus und Ökologie das Wort geredet wird![183] „Die feministische Spiritualität beruht auf dem Bewußtsein des Einsseins aller lebenden Formen und ihres zyklischen Rhythmus von Geburt und Tod, woraus sich ein Verhalten gegenüber dem Leben ergibt, das zutiefst ökologisch ist.“[184] Und noch eindeutiger heißt es bei „Gendergerechtigkeit als Beitrag zu einer erfolgreichen Klimapolitik“ (2018) aus dem Bundesministerium für Umwelt: „Gleichzeitig verfolgen ökofeministische Ansätze auch ein politisches Ziel, nämlich die Beendigung der Dominanz über Natur und Frauen als Grundvoraussetzung für die Überwindung des Kapitalismus“[185]!

---

182 Vgl. Thunberg (2022), S. 232

183 Vgl. ebd., S. 439

184 Capra (ca. 1985), S. 469

185 Röhr u.a. (2018), S. 14

Wie hilfreich wäre es nun, im Sinne des 'Fortschritts' nun auch von modernen Wissenschaftlerinnen und Wissenschaftlern zu erfahren, die mit der Intention, eine alles überragende Sensibilität und Fähigkeit der Frau in Bezug auf die Klimakrise entdecken zu wollen, an ihre Arbeit gegangen sind. Erfreulicherweise kann – wie nicht anders zu erwarten – von so einer offenbar überaus 'fortschrittlichen' Wissenschaft berichtet werden!

Während im KLIMA-BUCH einerseits durchgehend (über annähernd 500 Seiten) im Zusammenhang mit dem Klimawandel immer wieder die Gleichheit aller Menschen propagiert wird und man andererseits das weibliche Geschlecht als Opfer des Kapitalismus auf eine Stufe mit der Natur setzt, sollen hier nun Wissenschaftlerinnen und Wissenschaftler Erwähnung finden, die unter dem bereits soeben erwähnten Motto „Gendergerechtigkeit als Beitrag zu einer erfolgreichen Klimapolitik" und mit der Intention angetreten sind, den besonderen Zugang des weiblichen Geschlechts zur Natur und zu Klimagerechtigkeit auf der Grundlage bemerkenswerter Studien zu belegen. Der Tatsache, dass nun ausgerechnet diejenigen, die den Menschen grundsätzlich von jeglicher Verantwortung für die Klimamisere freisprechen (abgesehen von den zumeist weißen, heterosexuellen Cis-Männern mittleren Alters, die zur Rechenschaft gezogen werden sollen) und den gesellschaftlichen Bedingung dafür die Schuld zuschreiben, weil der Mensch ja von Natur aus gleich und gut ist, und darüber hinaus dann zu allem Überfluss auch noch auf die Idee kommen, ein Teil der Menschheit sei doch noch etwas 'gleicher', sollte nun aber doch eine besondere Aufmerksamkeit zukommen, zumal „die grundsätzlichen Pro-Klima-Einstellungen von Frauen teilweise aus der geschlechterbewussten Sozialisationstheorie heraus erklärt"[186] würden, wobei die ökofeministische Theorie davon ausgeht, „dass sowohl die Ausbeutung von Frauen als auch die der Natur auf

[186] Röhr u.a. (2018), S. 23

kapitalistisch-patriarchalen Dominanzkulturen fußen“[187]! Welch´ große Erkenntnisse!

Mit einer beeindruckenden Hartnäckigkeit werden nun Studien als Beweis dafür herangezogen, dass die Frau der Natur näher stehe und der bessere Mensch sei, wobei man über alle Maßen bescheiden bleibt und dieses in seiner Eindeutigkeit dann doch nicht so ganz explizit behauptet! So ist beispielsweise von einer beinah doppelt so hohen Sterberate von Frauen bei Hitzewellen die Rede und Untersuchungen in Städten der USA und Australiens hätten ergeben, dass Männer häufiger bei Hitzewellen ins Krankenhaus gebracht würden und Frauen eher den Krankenwagen rufen würden als ihre Männer, sie wären auch besorgter in Bezug gesellschaftliche Folgen von Hitzewellen![188]

Man sollte Verständnis dafür aufbringen, wenn hier nicht (vergleichsweise) die bedeutend höhere Zahl an jährlichen Kältetoten auf der Welt als Grundlage genommen wurde, denn das würde ja überflüssigerweise sogar den Klimakämpfer vor Ort wieder unnötig beunruhigen, ganz abgesehen davon, dass entsprechende Vergleiche zwischen Mann und Frau bei drohendem Kältetod möglicherweise zu nicht erwünschten Ergebnissen geführt hätten.

Pro-Kopf-Emissionen in der Industrie – so heißt es weiter – würden umso höher, je mehr Männer beteiligt wären; bei großen Fahrzeugen, die umweltschädlicher sind, säßen vorwiegend Männer am Steuer. Und trotz des offenbar höheren Wärmebedarfs von Frauen will man im Rahmen einer Studie in Schweden in Bezug auf den Wärmekonsum in Mehrfamilienhäusern herausgefunden haben,

---

[187] Röhr u.a. (2018), S. 34

[188] Vgl. ebd., S. 68 f.

dass der Wärmekonsum umso niedriger ist, je mehr Frauen im Haus wohnen![189]

Eine andere Studie besagt, dass Männer eine generell hedonistischere Veranlagung hätten und in den USA sowie Deutschland wurde erforscht, dass Frauen sich besorgter über Wasserknappheit und -verschwendung sowie mehr Interesse am Erhalt naturnaher Gewässer zeigen[190]. Zudem wäre in Schweden die Umweltbesorgnis bei Frauen höher als bei Männern, während zahlreiche Nachfragen bestätigten, dass Frauen seltener den Klimawandel leugnen würden als Männer.[191] An dieser Stelle sollte man sich zu Dank verpflichtet fühlen, weil immerhin eingeräumt wird, dass Frauen offenbar generell über eine höhere Risikowahrnehmung verfügen, wobei natürlich nicht erwähnt wird, geschweige denn untersucht, dass diese Wahrnehmung (nicht nur in Bezug auf das Konsultieren von Krankenwagen, Feuerwehr, Nachbarn…) im täglichen Leben nicht selten auch zu erhöhten Emissionen führen kann! Und dass Männer bedeutend weniger häufig den Arzt konsultieren, wird ihre Emissionen ja wohl nicht gerade ansteigen lassen, ganz abgesehen davon, dass sie vergleichsweise den größten Beitrag zur Emissionsminderung dadurch leisten, dass sie durchschnittlich mehre Jahre vor den Frauen das Zeitliche segnen! Aber die Intention dieser 'fortschrittlichen' Forscherinnen und Forscher war/ist ja eine ganz andere, dafür sollte man Verständnis aufbringen!

Viel wichtiger ist da die zu Papier gebrachte Erkenntnis, dass Frauen als Waldeigentümerinnen weniger Holz schlagen und verkaufen als Männer, allerdings würden die Daten, je nach Land, erheblich variieren… Trotz eines sehr kleinen „Befragungsclusters" wurde in

---

189 Vgl. Röhr u.a. (2018), S. 42

190 Vgl. ebd., S. 56 f.

191 Vgl. ebd., S. 24

der Eifel in Bezug auf Waldeigentum entdeckt, dass „Männer ernten und Frauen pflegen".[192]

Die Fähigkeit, all diese großartigen aufschlussreichen Erkenntnisse aufgrund von Befragungen gewonnen zu haben, verdient größten Respekt, während sich natürlich durchaus die Frage stellt, ob man nicht auch Gegenteiliges hätte herausbekommen können.(?)

In Deutschland zeigte sich bei einer Befragung potenzieller Autokäuferinnen/-käufer, dass Frauen bereit wären, 27€ mehr für eine Emissionsverringerung von 1kgCO_2/km zu zahlen, während sie auch dazu tendierten, strikteren Regulierungen zuzustimmen. Vielleicht hätte man hier doch Autoverkäufer befragen sollen, was und nach vorwiegend welchen Kriterien tatsächlich gekauft wird! Aber nicht auszudenken, wenn das Ergebnis ein anderes gewesen wäre!

Eine Erkenntnis von ganz besonderer Tragweite ist, dass Hurricanes mit weiblichen Namen katastrophaler wirken als jene mit männlichen! Nach Jung u.a. würden genderbasierte Erwartungen suggerieren, dass weiblich benannte Hurricanes harmloser seien und entsprechend der Versorgungsschutz vernachlässigt werde[193]. Man muss auch hier dankbar sein für die Veröffentlichung von Ergebnissen dieser Aussagekraft! Im Anschluss daran kritisieren die Autorinnen und Autoren, dass der Katastrophenschutz ein stark männlich dominiertes Feld sei[194]. Als dann die furchtbare Katastrophe im Ahrtal tobte, die im Übrigen, entgegen der Behauptungen von Klimapropagandisten, mit an Sicherheit grenzender Wahrscheinlichkeit nichts mit der Erderwärmung zu tun hatte, und sich schon bald herausstellte, dass es den Feuerwehren

---

192 Vgl. Röhr u.a. (2018), S. 61 f.

193 Vgl. ebd., S. 63

194 Vgl. ebd., S. 67

zuhauf an geeigneten Gerätschaften fehlte, um einer Katastrophe dieses Ausmaßes einigermaßen begegnen zu können, beklagte sich die Professorin für Technik und Diversität an der Uni Paderborn, Ilona Horwath, über „das Übel des deutschen Feuerwehrwesens". Aber nicht etwa wegen des Mangels an Löschfahrzeugen oder Atemmasken im Hinblick auf die Effizienz bei Rettungseinsätzen, sondern die Wissenschaftlerin hatte, ihres hohen Postens angemessen, Wichtigeres zu bemängeln, nämlich: „Weiße, heterosexuelle Männer aus der Arbeiterschicht stellen dort die Mehrheit dar"! „Frauen und Migranten" seien unterrepräsentiert![195] Diese zweifellos 'fortschrittliche' Wissenschaftlerin leitet ein entsprechendes Projekt, das vom Bundeswissenschaftsministerium gefördert wird – wer wollte da noch Zweifel anmelden?

Wer eines gerechten und maßvollen Urteils fähig ist, wird dieser höchstwissenschaftlichen Kritik an den Feuerwehren ohnehin beipflichten müssen! Vor diesem Hintergrund sollte auch nicht unerwähnt bleiben, dass es in Ost-Westfalen sehr viele Kneipen gibt, die ebenfalls vorwiegend von weißen heterosexuellen Männern besucht sein sollen, was unbedingt einer 'fortschrittlichen' wissenschaftlich-feministischen Untersuchung bedürfte, wobei es sich dringend anböte, eine entsprechende Professorinnen-Stelle an der Uni Paderborn neu auszuschreiben.

Auch bei Umfragen (Australien, USA, Schweden) bezüglich der Energiequelle Atomkraft zeigten sich die Frauen uneingeschränkt als 'Gutmenschen', indem sie (im Gegensatz zu den Männern) Technologien mit Gesundheits- und Sicherheitsrisiken eher ablehnten.[196] Bemerkenswert ist hier, dass eine Risikoabwägung für Atomkraft der Einfachheit halber gleich mit der Wirkung von Chemikalien in Verbindung gebracht wurde, was eine Beantwortung

---

[195] Vgl. Wagner (2019)

[196] Vgl. Röhr u.a. (2018), S. 25

im gewünschten Sinne natürlich erheblich erleichtert. Aber war das nicht mal wieder ein wenig zu 'mutig' oder voreilig – das mit dem 'guten' Menschen, der gegen Atomkraft votierte, votieren sollte? Denn wenn es tatsächlich vorrangig um den CO_2-Ausstoß geht, müssten wieder Atomkraftwerke entstehen oder weiter genutzt werden, nicht auf lange Sicht, aber zumindest als Übergang und parallel, denn „wenn die Entwicklung eines hocheffizienten Energiespeichersystems scheitert, wird sich in Zukunft keine Mensch mehr für die Nutzung von Wind- und Sonnenenergie in großem Stil interessieren."[197] Der größte Fehler der ideologisch verblendeten links-grünen Bewegung ist derzeitig ihre Sicherheit, den einzig richtigen Weg zu kennen, wobei es natürlich schon mit der Identität einer Ideologin unvereinbar ist, unsicher zu sein – zumindest nach außen hin! Dafür bedarf es wohl keines besseren Beweises, wenn es bei Thunberg doch tatsächlich heißt: „Historische Leitungen ermöglichen es uns, vorherzusagen, wohin zukünftige Ströme von Vor- und Nachteilen wie von selbst fließen werden und wohin nicht – zumindest, wenn die Leitungswege so bleiben, wie sie sind"[198]! Aber so bleiben sie nicht, denn „es ist eine Illusion, zu glauben, dass uns wissenschaftliche Erkenntnisse automatisch aufzeigen, welcher Weg der richtige ist"[199]!

Im Hinblick auf das weibliche 'Gutmenschentum' in Verbindung mit seiner engen Verbindung zur Natur muss hier unbedingt noch angefügt werden, dass es aus Sicht der „Gendergerechtigkeit als Beitrag zu einer erfolgreichen Klimapolitik" keineswegs ausreicht, Frau zu sein!

So will man sich auf keinen Fall mit mehr Entscheidungspositionen für Frauen (z.B. im Verkehrsbereich) begnügen, sondern nach

---

[197] Ebert (2022), S. 162 f.

[198] Thunberg (2022), S. 450

[199] Ebert (2022), S. 25

Spitzner sind die „maskulinen Normen" zu hinterfragen! Damit noch nicht genug, auch wenn es um den Lebensstil geht, wird nach „maskulinen" und „femininen" Frauen unterschieden![200] Das heißt, die Frau ist auch jeweils noch angewiesen, bestimmte Verhaltensweisen an den Tag zu legen, um nicht durch das Raster des Genderwahnsinns zu fallen. Wohl dem, der diese Unterscheidungen im Sinne der Gleichheit und Klimagerechtigkeit zur Rettung der Menschheit vorzunehmen vermag! „Bildung ist mehr und anderes als eine Sammlung von Kuriositäten oder ein zufälliger Ausschnitt aus einer gerade vom Zeitgeist hochgespülten Wissenschaftsdisziplin".[201]

Wenn Emanzipation als Befreiung von Fremdbestimmung und die Möglichkeit eines Individuums verstanden wird, sein Handeln, seine Bedürfnisse, sein Engagement und seine Interessen selbst zu bestimmen, so zeigt sich an dieser Stelle noch einmal überaus deutlich, dass ein solcher Mensch (in diesem Fall eine solche Frau) für die Ideologinnen der radikalen links-grünen Bewegung alles andere als geeignet ist!

Erwähnenswert ist noch, dass sich die gendergerechten Wissenschaftlerinnen und Wissenschaftler im Verlauf ihrer Darlegungen mehrfach darüber beklagen, dass in den von ihnen zugrunde gelegten Studien nur einfach zwischen Männern und Frauen unterschieden worden sei. Dieser Kritik ist unbedingt zuzustimmen, denn bei einer weiteren Differenzierung auf der Grundlage unterschiedlicher sexueller Neigungen wären bestimmt noch gendergerechtere Ergebnisse zu erzielen (gewesen), wenn man einmal davon ausgeht, dass lesbische Frauen, allein schon wegen ihrer größeren Distanz zur Maskulinität, der Natur womöglich doch noch ein wenig näherstehen könnten und somit auch noch 'gleicher'

---

[200] Vgl. Röhr u.a. (2018), S. 47

[201] Liessmann (2010), S. 21

wären. Auch würden entsprechend ausgerichtete Gender-Studien möglicherweise ergeben, dass homosexuell orientierte Männer zwar nicht auf eine Stufe mit Frauen gesetzt werden können, aber der Natur doch näherstehen als Heteromänner...(?)

Zunächst einmal wäre es jedoch dringend notwendig, Kindern und Jugendlichen diese weltbewegenden Forschungsergebnisse näherzubringen, die selbst den größten Denkern und Wissenschaftlern über Jahrhunderte hinweg verborgen geblieben sind. Vorrangig sollten sich entsprechende Kampagnen natürlich an junge Menschen weiblichen Geschlechts richten, denn die armen Mädchen wissen ja zumeist (noch) gar nicht, dass sie der Natur grundsätzlich näher sind als die Jungen. Dieses neue 'Wissen' würde dann sicherlich auch zu mehr Selbstvertrauen (hier nicht zu verwechseln mit Selbstbewusstsein) führen! Im Anschluss daran könnten dann später, professionell-feministisch dominiert, bundesweit Ehe- sowie Partnerberatungsstellen im Sinne einer gendergerechten Partnerwahl für gendergerechte feminine Frauen entstehen, um endlich mehr 'fortschrittliche', auf Gleichheit bedachte Beziehungen auf den Weg zu bringen. In dieser Richtung würde den an sich schon 'guten' Frauen in zunehmendem Maße die Rückschrittlichkeit der traditionellen Ehen verdeutlicht, die größtenteils noch immer aufgrund emotionaler Zuneigung gebildet und somit nicht selten (im Hinblick auf die Anziehung von Gegensätzen) Ungleichheiten begünstigten, was mit einer konstruktiven Klimapolitik ganz offensichtlich unvereinbar ist, zumal es ja auch in DAS KLIMA-BUCH heißt: „Keine Nachhaltigkeit ohne Gleichheit“[202]!

Allerdings müsste die 'Nachhaltigkeit' aus einer Art Alleinvertretungs-Anmaßung der allwissenden Klimaideologinnen eigentlich doch befreit werden, denn es kann wohl nicht darum

---

[202] Thunberg (2022), S. 438

gehen, auf der einen Seite so etwas wie ein menschengemachtes Gleichgewicht in der Natur zu errichten bzw. zu erhalten, dessen Leitlinien von Menschen definiert werden, während man auf der anderen Seite allein den Kapitalismus und einige seiner Gehilfen („weiße, heterosexuelle Cis-Männer mittleren Alters“) für die Schieflagen in der Natur verantwortlich macht, denn „Rücksichtnahme gegenüber Mitgeschöpfen oder gegenüber der Umwelt gehört nämlich nicht zu den Prinzipien der Evolution“, die so eingerichtet ist, dass sich Lebewesen gegenüber ihrer Umwelt durchsetzen wollen. „In freier Wildbahn gilt das Recht des Stärkeren, des Schnelleren, des Skrupelloseren.“[203] Besondere Beachtung verdient auch hier wieder die Tatsache, dass ausgerechnet diejenigen, die sich sonst gern evolutionäre Prozesse, und sei es mithilfe von phantasievoll geschöpften sozialen Konstruktionen, zurechtlegen, je nachdem, wie es gerade gut in die Ideologie passt, sich in diesem Zusammenhang, rein strategisch, gern heraushalten. Die grundsätzliche Neigung der Evolution, immer wieder Gleichgewichtszustände anzustreben, steht im krassen Gegensatz zu Vorstellungen, diese unter menschlicher Mithilfe auf einem bestimmten Niveau sozusagen einfrieren zu lassen.

Bei aller mehr als berechtigten Skepsis gegenüber einer Welt, die, eingerahmt von einer durchweg dynamischen Struktur und Praxis, mithilfe eines ‘neuen Menschen‘ tendenziell planwirtschaftlich-autoritär organisiert werden soll, bleibt darüber hinaus grundsätzlich das Problem, dass vieles, das z.B. als nachhaltig schmackhaft gemacht wird und auf den ersten Blick auch so wirkt (z.B. die Biolandwirtschaft), auf den zweiten (wenn man zum Beispiel das Ernährungsproblem der Weltbevölkerung in Verbindung mit ihrer zu erwartenden erheblichen Zunahme in Betracht zieht) jedoch das Gegenteil darstellt, da wegen einer vergleichsweise mangelhaften Produktivität des biologischen Anbaus bedeutend größere Flächen

---

[203] Vgl. Ebert (2022), S. 80 ff.

benötigt würden. Was heute (noch) als nachhaltig gilt, kann morgen schon ganz anders aussehen, nämlich wegen der Dynamik und der Möglichkeit des Menschen, sich frei entfalten zu können und somit Neues zu entdecken! Etwas anderes als eine vollkommen offene (konstruktive) Diskussion mit allen Beteiligten und Meinungen kann dem Klima letztlich nur schaden! Auch wenn Ideologien einem (zu) hoch entwickelten und vermutlich unverbesserlichen Selbsterhaltungstrieb unterliegen, so würde ihnen helfen: Je mehr jemand weiß, desto sicherer ist er, wie wenig er weiß (frei nach Sokrates)!

Auch in dieser Hinsicht kommt den Medien eine alles überragende Bedeutung zu! Hört auf mit der Anmaßung, den Menschen auf irgendeine Welt, die niemand kennt und die Mehrheit nicht will, vorbereiten zu wollen! Jeder muss das Recht bekommen, an den Willensbildungsprozessen unserer Demokratie aktiv beteiligt zu werden. Wer meint, hier vorher schon Einteilungen vornehmen zu können/müssen, gefährdet die Demokratie, sonst niemand von denen, die nichts als ihre Zunge zum Diskurs einsetzen! Alles andere wird dem Medienauftrag einer Demokratie nicht (mehr) gerecht und beleidigt jeden mündigen Bürger! Sicherlich hatte Sören Kierkegaard seine ganz persönlichen Probleme mit der Tagespresse, aber seine Meinung soll hier trotzdem nicht unerwähnt bleiben: Käme Christus jetzt zur Welt, so nähme er, so wahr er lebe, nicht Hohepriester aufs Korn, sondern Journalisten![204]

Die große Ausgewogenheit und Neutralität z.B. der ARD kam u.a. auch in einem Nachrichtenbeitrag von NDR1-Radio-Niedersachsen zum Ausdruck, als über den Vorschlag der Bundesinnenministerin berichtet wurde, die Erlangung der deutschen Staatsbürgerschaft in einer Art Schnellverfahren zu erleichtern. Dazu waren sowohl ihre Vorstellungen als auch die dazu kritischen eines Unionssprechers

---

[204] Vgl. Giesz (1990), S. 219

zusammengefasst und zu etwa gleichen Anteilen zu hören. Ein zweifellos konstruktiver Beitrag einer Nachricht zur Meinungsbildung im Rahmen eines demokratischen Willensbildungsprozesses – keine Frage! Wenn man es denn dabei belassen hätte! Um jedoch die Sache im Sinne einer ganz bestimmten Meinung zu dieser Thematik abzurunden, ergriff noch der Bundeslandwirtschaftsminister das Wort und berichtete durchaus bewegend von seiner Jugendzeit, in dem es ihm lange Zeit verwehrt geblieben war, die deutsche Staatsangehörigkeit zu erlangen, worunter er sehr gelitten habe usw. Was für ein 'fortschrittlicher' (neutraler!) Beitrag eines unabhängigen Senders! Wer wollte hier Parteilichkeit vermuten? Sicherlich war Herr Özdemir rein zufällig am Funkhaus vorbeigegangen, sodass es sich geradezu angeboten hatte, ihn zu Wort kommen zu lassen, ganz abgesehen davon, dass sich auch hier wieder ein Mensch mit anderen vergleicht, die er gar nicht kennt… Besser hätte es Radio DDR nicht hinbekommen!

Nachrichtensendungen, in denen das Gasproblem angesprochen wird, beginnen nicht selten mit 'weil Russland/Putin uns kein Gas mehr liefert…', was ja objektiv richtig ist, aber dennoch gegen den Geltungsanspruch der Wahrhaftigkeit im Sinne von Habermas verstößt und somit unwahr ist, da erst die deutsche und europäische Reaktion auf den Angriff vonseiten Russlands diesen Tatbestand letztlich bewirkte, vollkommen unabhängig davon, dass es dazu möglicherweise keine vernünftige Alternative gab. Was für eine herrlich subversive Propaganda im Sinne des Wirtschaftsministers, der leichtsinnigerweise bereits 2016 betont hatte, in Zukunft auf russisches Gas verzichten zu wollen, wobei es ihm damals keineswegs um mehr Unabhängigkeit von Russland ging, wie er das später propagandistisch immer wieder gern betonte und was von den entsprechenden Medien selbstverständlich so stehengelassen wurde, sondern einzig und allein um die Reduzierung des Gasverbrauchs an sich!

Eine vollkommen unverhohlene Meinungsmache der Medien mit dem Ziel einer groben Einflussnahme auf die Politik trat zutage, als der Botschafter der Ukraine, ein Herr Melnyk, zu einer Art Superstar des neuen ('kritischen') Journalismus in Deutschland emporstieg, was darin gipfelte, dass er sogar zum Bundespresseball an hervorragender Stelle zu sehen war, während der Bundeskanzler hier, völlig zurecht und in weiser Voraussicht, immerhin abgesagt hatte, nachdem Melnyk vorher, wen wundert es, mehrfach bei Frau Will zu Gast sein durfte: ein Nationalist mit stümperhaften Geschichtskenntnissen, die er immer wieder ohne Widerspruch vortragen durfte, übelster Kriegsrhetorik und einer – gemessen an international üblichen Gepflogenheiten zwischen souveränen Staaten - weit unterdurchschnittlichen Umgangsform wird instrumentalisiert, um permanent Druck auf Bundeskanzler, Bundespräsident und einige andere (noch) aufrechte Politiker in Deutschland auszuüben, die, zumindest zu Beginn des Krieges, noch nicht gleich sämtliche diplomatischen Kanäle zu Russland abreißen lassen wollten, was grundsätzlich vernünftig ist, egal, um welchen Krieg und Aggressor es sich handelt!

So ist nicht besonders gewagt, zu behaupten, es hätte in der Geschichte der Bundesrepublik Deutschland noch nie eine Situation gegeben, in der man den Eindruck haben konnte, die Pressefreiheit sei weitgehend abgeschafft worden und der Staat (oder irgendein nordamerikanisches Konsortium) hätte Presse, Funk und Fernsehen übernommen! Jeder Soziologe und jeder Historiker weiß, dass eine solche (gewünschte) Einhelligkeit in der Meinung über beispielsweise den Angriffskrieg Russlands, seine Ursachen und (angeblich) notwendige militärische sowie wirtschaftliche Reaktionen grundsätzlich keineswegs auf die gesamte Bevölkerung hochgerechnet werden kann! Aber wen interessiert (noch) die Meinung der Bevölkerung, wenn sie nicht im Einklang mit einem eher ideologisch orientierten Mainstream steht? Oder sollte man hier zurecht von Populismus sprechen? Wir sind die Guten und unser stärkster Freund sowieso – wer mag denn da noch widersprechen? „Alle Guten sind immer durch und durch gut und alle Bösen immer und durch und durch schlecht“.[205]

Dieser Populismus, der den Namen verdient, wurde unter Zuhilfenahme von Herrn Melnyk in einer unerträglichen Zielstrebigkeit in Szene gesetzt! Dass dieser Mensch sonst mit der grünen Partei nichts am Hut hat, zeigt besonders gut auf, wohin sich diese mehr und mehr bewegt und von wo sie sich entfernt! Wenn die ehemalige grüne Präsidentschaftskandidatin der USA, Jill Stein, Waffenstillstand fordert und von einem Stellvertreterkrieg spricht, der von den USA provoziert worden sei und von dem die Waffenlobby profitiere, so zeigt das, wie weit die Grünen in Deutschland einer humanen und realitätsnahen Gesinnung entrückt sind! Auch wenn die Einschätzung der Frau Stein vielleicht ein wenig (zu) simpel klingt, so sollte man sich grundsätzlich keiner Diskussion verschließen! Im Gegensatz dazu ist den Grünen in Deutschlang offenbar jedes Mittel recht, ihre radikal-einseitige Linie durchzusetzen, wobei es – bezogen auf die Kehrtwende einiger (angeblicher) Pazifisten – ein Armutszeugnis erster Güte ist, dass Menschen erst in das Kriegsgebiet der Ukraine reisen mussten, um festzustellen, wie schrecklich ein Krieg ist, während man vorher jahrzehntelang aus der Ferne große Vorträge über einen solchen halten konnte und den Kurden im Kampf gegen den ‘IS-Staat‘ nicht einmal leichte Waffen zur reinen Verteidigung geben wollte! Man wähnt sich im falschen Film!

Herr Melnyk beleidigte den Bundeskanzler, die Ukraine den Bundespräsidenten auf übelste Weise, er forderte immerzu (er bat nicht etwa!) von der BRD (zumeist Waffen), er behauptete, die Wehrmacht hätte eigentlich nur die Ukraine angegriffen, nicht die SU, jeder Russe (weltweit) sei sein Feind, auch Russland-Deutsche

---

[205] Precht & Welzer (2022), S. 29

in der BRD, er wolle nicht mehr nach OS reisen, weil dort (von einer Friedensbewegung organisiert) ein Konzert mit Russen und Ukrainern stattgefunden hatte, er verharmloste (oder bestritt sogar) Freiheitskämpfer mit Hakenkreuz auf ukrainischer Seite usw. Auch der Papst wurde kritisiert, weil er zunächst nach Russland reisen wollte, stattdessen war wohl gewünscht worden, bei einem Fototermin mit Selenskyj ukrainische Waffen zu segnen. (?) All das muss man auf der Grundlage einer freiheitlich-demokratischen Grundordnung in Verbindung mit Pressefreiheit sagen dürfen, aber dass es weitgehend unwidersprochen bleibt und wenn, dann nur in recht glimpflichem, beinah sich entschuldigendem Ton, das ist der Skandal! Auch Frau Maischberger wollte hier nicht so ganz außen vor bleiben und platzierte an die Seite dieses Botschafters, der seinen Namen zweifellos verdient, wenn man an die monatelangen brüsken Versuche seines Präsidenten denkt, die NATO um beinah jeden Preis in den Krieg hineinzuziehen, den Ex-Bundespräsidenten Gauck, der seinem Gesprächspartner dann sogleich um den Hals fiel, was auf Nachfrage von Frau Maischberger spontan gewesen sei – man mag es kaum glauben! Vielleicht wollte sich Gauck auch nur an seinem Gegenüber erwärmen, weil er sich schon seit Tagen bei niedrigen Temperaturen in seiner Wohnung aufhalten musste, was er ja vorher bereits von jedem Bundesbürger als Opfer gefordert hatte. Und ob sich Frau Maischberger wohl zu Lebzeiten von Helmut Schmidt, dessen Hausinterviewerin sie ja einmal sein durfte, getraut hätte, Herrn von Dohnanyi brüsk über den Mund zu fahren, nachdem dieser sehr sachlich und (seinem biblischen Alter angemessen) ruhig darauf aufmerksam gemacht hatte, dass Europa und Deutschland (in Bezug auf den Ukraine-Krieg) andere Interessen als die USA hätten?

Eines Abends bewegte sich dann jedoch sogar Frau Will in Bezug auf dieses Thema unmissverständlich und offen zu ihrer Meinung hin! Offenbar ohne Probleme ließ sie sich gegenüber einem recht zaghaft auftretenden SPD-Mitglied zu der Frage hinreißen, ob es nicht eines Tages als 'historischer Fehler' betrachtet werden könnte, wenn die NATO sich weiter aus dem Krieg gegen Russland heraushalten würde! Auch dass am Rande von NATO-Sitzungen gegenüber Stoltenberg und dem US-Außenminister hin und wieder diese äußerst dilettantisch anmutende Frage gestellt wurde, macht sie keinen Deut weniger verantwortungs- und niveaulos! Hier fehlt jegliches historisch gewachsene Bewusstsein, aber auch jegliches – von Friedensfähigkeit gar nicht erst zu reden! Es ist verständlich, dass im Anschluss daran mancherorts von 'Kriegstreiberin' die Rede war.

Und Frau Will hatte offensichtlich auch keine Bedenken, den Bundeskanzler zu nötigen, doch Putin als Kriegsverbrecher zu bezeichnen, indem sie sich mit seiner Antwort, der Angriff auf die Ukraine sei ein Kriegsverbrechen, keineswegs begnügte und überaus tumb noch einmal direkt nachfragte, warum er sich weigere, Putin in ihrem Sinne zu betiteln! Dass eine solche (an dieser Stelle) durchaus aggressive Gesprächsleitung vonseiten der Moderatorin dann auch noch begleitet wird von einem eingeübten Lächeln, das nicht selten in Schweizer Boutiquen zu beobachten ist, soll an dieser Stelle nicht weiter kommentiert werden.

Sicher hat dieser Journalismus des 'Fortschritts' nicht zuletzt auch mit einem rapide sinkenden Anstandsniveau oder einem fehlenden Berufsethos zu tun, aber es geht zum Teil ebenfalls um das Fehlen eines Mindestmaßes an Kompetenz, was man vor gar nicht allzu langer Zeit noch Bildung nannte!

Der Verfasser ging früher aus unerfindlichen Gründen (vielleicht war es ein Wunschtraum?) vom Irrglauben aus, dass, wenn die Kompetenzen aller Art bei Politikern nachließen, das ja – Gott sei Dank – bei den Journalisten nicht notwendigerweise auch so sein müsste. Ein großer Irrtum! Dazu drei bezeichnende Beispiele aus dem Bereich der Berichterstattung über den Krieg in der Ukraine:

Ein Korrespondent am Rande der UN in New York zeigt sich 'emotional' tief betroffen von der Selenskyj-Rede dort und ist ganz begeistert von dessen Idee, Russland doch endlich aus dem Weltsicherheitsrat hinauszuwerfen, weil es dort ja immer wieder vom Veto-Recht Gebrauch machte! Und er bedauert, darüber vorher noch nie nachgedacht zu haben! Wenn er doch wenigstens geschwiegen hätte! Dass man ihn später von kompetenter(er) Stelle darauf aufmerksam gemacht hat, dass die USA, vor allem wenn es um Israel ging, auch schon öfter von diesem Recht Gebrauch gemacht haben und dass man auf ein Nichtmitglied (s. Deutschland und der Völkerbund zur NS-Zeit) noch weniger Einfluss hat, ist unter den derzeitig herrschenden Gepflogenheiten, jeder kann so seine Meinung und seinen stolzen Posten haben, leider eher nicht anzunehmen! „Das Vetorecht ist an sich ein Unheil. Seine Aufhebung würde voraussetzen, daß alle Beteiligten auch im Ernstfall sich dem Mehrheitsbeschluß zu fügen bereit sind; würde sich nun jedoch „eine Großmacht sich einem Mehrheitsbeschluß und dessen Exekution widersetz(en), so wäre das der Krieg."[206]

Ein anderer Korrespondent ist bestürzt darüber – wahrscheinlich hatte er erst gerade davon erfahren –, dass der Osten Ostpreußens zu Russland gehört und damit ja direkt an Polen heranreicht. Das hätte man damals auf keinen Fall zulassen dürfen, meinte er dazu wichtigtuerisch, ohne auch nur über ein Mindestmaß an Geschichtskenntnissen über die Zeit nach dem Zweiten Weltkrieg zu verfügen! Wer hätte diese Regelungen im Osten denn wohl zu diesen Zeiten verhindern können, außer Stalin selbst?

„Die Bildungslücken der sogenannten politischen Eliten bei einfachsten historischen oder kulturgeschichtlichen Fragen sind eklatant, und der Triumpf des Meinungsjournalismus ist die

---

[206] Jaspers (1955), S. 198

Kehrseite der Tatsache, daß niemand mehr etwas weiß"![207] Und ganz offensichtlich machen (zu) viele Journalistinnen und Journalisten inzwischen von dem Grundrecht Gebrauch, nicht denken zu müssen!

Kurz nach dem Terroranschlag auf Nord-Stream 2 wird zum wiederholten Male ein 'Experte' auf N24 gefragt, wer denn Interesse an einer solchen Zerstörung hätte, und dieser 'Experte' antwortet ohne irgendeine Einschränkung oder Relativierung eindeutig, dass 'zurzeit' nur Russland davon profitiere! Für wie dumm hält man den Bürger inzwischen eigentlich?

Möglicherweise bleibt das Geheimnis dieses Anschlags noch lange auf dem Meeresgrund der Ostsee, aber wenn man doch nichts weiß, so sollte man sich doch zumindest journalistisch redlich mit Spekulationen zurückhalten. Wenn man jedoch meint, sich sensationserheischend, auf der Grundlage eines einzigen Gedankenspiels, äußern zu müssen, so sollte man doch auch andere Interessenten als mögliche Täter in Erwägung ziehen, von denen in einigen Fällen bekannt ist, dass sie über ein entsprechendes Know-how sowie jahrzehntelange Routine verfügen. Dass unsere Zeitgeist-Medien (selbstverständlich mit ARD und ZDF an der Spitze) sich diesbezüglich dann allzu gern auf eine von der New York Times in Zusammenarbeit mit US-Beamten entdeckte neue Spur begaben, zeigt erneut den überaus hohen journalistischen Anspruch, dem diese Damen und Herren sich offenbar verpflichtet fühlen und der sie nicht einmal auf die Idee kommen lässt, hier möglicherweise Botendienste für irgendwelche Geheimdienste übernommen zu haben. Diese neue Fährte mit ihren verblüffenden Spuren war so absurd, dass man sich unterhalb jeglicher Würde bewegte, würde man dazu im Einzelnen Stellung beziehen! Und es ist eine grobe Beleidigung, wenn selbsternannte 'Qualitätsmedien' dem

---

[207] Liessmann (2010), S. 55

Leser/Hörer/Seher, ohne jegliche Relativierung, einen solchen Mist anzubieten wagen, während es seit Monaten (wie abgesprochen) keinerlei besondere Auseinandersetzung mit der Tatsache gibt, dass die Bundesregierung ihr ganz offensichtlich geringes Interesse an der Aufklärung des Terroraktes auf Nord-Stream 2 lediglich mit einem 'Staatswohl' begründet, wobei dieses dann doch wohl näher definiert werden müsste, wenn sich tatsächlich herausstellen sollte, dass man in Berlin schon vor dem Anschlag etwas darüber wusste! W. Hofmann spricht von einer „Enthüllungslust", deren Grenze dort liege, „wo der Genuß aufhört und das Nachdenken beginnt; wo die Enthüllung von nachwirkenden Folgen wäre"![208]

Wäre die Frage nach dem Nutzen des Terroraktes in der Ostsee in der deutschen Fernsehlandschaft auch dann gestellt worden, wenn die Moderatorin die Antwort nicht schon vorher gekannt hätte oder gar eine 'falsche' Reaktion zu erwarten gewesen wäre? Mit an Sicherheit grenzender Wahrscheinlichkeit nicht, denn wie oft wurde eine Frage nach Interessen in den Medien der Bundesrepublik eigentlich seit Beginn des Krieges gestellt, als es um die Positionen der baltischen Staaten, der Polen, der Ungarn, der Tschechen, Frankreichs, Italiens, der Niederlande, Englands, der Türkei, Indiens, Chinas und vor allem der USA ging, die nicht selten wirtschaftlicher Natur sind? Während der gesamten bisherigen täglichen Berichterstattung im (vornehmlich öffentlich-rechtlichen) Fernsehen über den Ukraine-Krieg wurden beinah ausnahmslos 'Experten' zur militärischen Lage befragt, die sich im Sinne der den Mainstream vertretenden Moderatorinnen äußerten! „Wer erhebt Einspruch gegen die immer hemmungslosere Meinungsmacherei, einschließlich immer ungehemmterer Diffamierungen bei zugleich eher abnehmender reflexiver Haltung?"[209], wobei bei jungen 'Experten' auch eine erhebliche Autoritätshörigkeit in Verbindung

---

[208] Hofmann (1970), S. 46

[209] Precht & Welzer (2022), S. 242

mit einer unbefriedigten Sehnsucht nach Orientierung und Anerkennung vorliegen könnte, was sie davon abhält, sich von den jeweiligen Zeitgeistern im Sinne eines redlichen Umgangs mit Wissen zu emanzipieren und demzufolge erst einmal ohne Worte zu bleiben, womit ihnen wenigstens noch ein gewisses Maß an Weisheit bliebe. „Eigensinn und unabhängiges Denken sind dafür eigentlich unumgänglich“![210] Und so ist es natürlich nicht verwunderlich, dass auch Frau Kemfert in ihrem unwiderstehlichen Drang nach Wissenschaftlichkeit eindeutig „eine russische Urheberschaft des Anschlags“ favorisiert, während sie sämtliche anderen Überlegungen mit den „wildesten Verschwörungstheorien“ abtut und betont, dass „Russland die Möglichkeiten für eine solche Sabotage“ hätte[211], ohne auch nur im Entferntesten in Erwägung zu ziehen, dass das mindestens auch auf einige andere (mögliche) Interessenvertreter in dieser Sache zutrifft!

Die Geschichte (und nicht nur die kriminalistische) lehrt, dass man, wenn weitgehend keine Fakten vorliegen, zunächst einmal nur über die Frage nach dem Nutzen vielem auf die Schliche kommen kann! Hatte man Angst vor Antworten und stellte diese Frage deshalb nicht?

Befürchtete man (zu) komplizierte Antworten, die einen vom simplen Handeln hätten abhalten können? Sicher ist nur, dass Russland den Krieg begonnen hat und dass es Tote gibt auf beiden Seiten! Dass man der Ukraine helfen musste/muss, steht ebenfalls außer Zweifel – aber so ganz ohne Bedingungen und ohne darüber nachzudenken, was danach kommen kann/soll? Nichts als Waffenlieferungen – und dann schau`n wir mal?

---

[210] Vgl. Precht & Welzer (2022), S. 177

[211] Vgl. Kemfert (2023), S. 203 f

Wie kann ein souveräner Staat oder eine Staatengemeinschaft vollständig von einem Plan B (geht man davon aus, dass zumindest Macron und Scholz zunächst noch einen solchen parat hatten) abrücken und sich mehr und mehr von simplen (strategiebefreiten) und zum Teil sich verselbständigenden Reaktionen leiten lassen, die in eine Art Teufelskreis führen, dem dann nicht mehr so leicht zu entkommen ist? Denn bei aller berechtigten Parteilichkeit hätte man vielleicht doch von Beginn des Krieges an ein wenig genauer darauf achten sollen, dass sich ein Herr Selenskyj keineswegs hin zu den bereits von Goethe beklagten Geistern bewegen dürfte. Immerhin haben das einige (maßgebliche!) Nato-Staaten dann ganz offensichtlich doch noch rechtzeitig erkannt, indem sie sich von Herrn Selenskyj im Hinblick auf einen terminlich festgelegten Beitritt der Ukraine nicht erpressen ließen. Und bestimmt hätte das ukrainische Volk den Karlspreis verdient, aber doch nicht deren korrupter Präsident, der sein Volk ebenso wenig wie Putin gefragt hat, wie viel Opfer es für diesen Krieg bereit ist zu erbringen! Um darüber befinden zu können, inwiefern sich dieser neue Träger des Karlspreises tatsächlich um die Belange Europas verdient gemacht haben könnte, hätte man/frau doch wenigstens das Ende des Krieges (unabhängig vom Ausgang) sowie sich daran anschließende Friedensverhandlungen abwarten müssen, anstatt sich unter Zugzwang zu begeben, zumal ja auch das Geheimnis um den Anschlag auf Nord-Stream 2 noch immer nicht gelüftet wurde! Dass Frau von der Leyen zu allem Überfluss dann auch noch davon spricht, das Blut des ukrainischen Volkes würde ‘unsere Kinder‘ retten, spricht dann noch einmal in besonderem Maße für sich!

Nicht nur ein Außenpolitiker von Format, aber vor allem dieser wird sich in seinen offiziellen Verlautbarungen grundsätzlich zumindest so bedenkt halten, dass im Fall der Fälle noch immer geheime Diplomatie möglich ist. ‘Ätsch, bätsch - mit dem rede ich jetzt nicht mehr‘, erinnert vielleicht an pubertäre Zeiten, aber nicht an Politik, die Interessen des jeweiligen Staates wahrnehmen und dem

Menschen, und zwar jedem Einzelnen, dienen sollte. „Der Weg kann nur gelingen, wenn die aktiv Beteiligten unendliche Geduld haben. Es ist verhängnisvoll, wenn man das als richtig Erkannte sofort umsetzen will, im Fall des Mißlingens nicht mehr mitmacht, im Trotz das Miteinanderreden abbricht, zur Gewalt oder zur Verbreitung der Gewalt greift. (…) Es gibt für einen Staatsmann keinen Grund (…) des Abbruchs der Verhandlungen; es ist unberechenbar, was dabei in der Zukunft zu Hilfe kommt und was hemmt."[212] Besonders gravierend zeigen sich entsprechende menschliche Unzulänglichkeiten beim Abbruch der Beziehungen zu einfachen russischen Menschen, die nichts mit dem Krieg zu tun haben. Wer zum Beispiel Städtepartnerschaften infrage stellt, wie in Osnabrück geschehen, wo die Bürgermeisterin Frau Pötter seit 2022 zur Maiwoche erstmals keine Vertreterinnen der russischen Partnerstadt Twer mehr einlädt, neigt vielleicht zu kollektiver Betroffenheit, trägt aber in keiner Weise zum Frieden bei und ist in jeder Hinsicht ein schlechtes Vorbild.

Und wurde auf großer Bühne nicht sogleich schon (immer wieder!) von einer neuen Weltordnung gesprochen – ohne Russland womöglich? Voraussichtlich wird Russland das größte Land der Erde bleiben mit beinah unerschöpflichen Reserven an Bodenschätzen! Dementsprechend kann es doch so ganz überraschend nicht sein, dass Russland mit China und Indien (auch Brasilien und Südafrika) bereits keineswegs unbedeutende Partner gefunden hat, die nun sogar für sich die 'neue Weltordnung' entdeckt zu haben scheinen. Und wie wäre es denn mit einer Zeit nach Putin? Oder unterliegt man hier einer zeitlichen (geistigen?) Begrenzung? Vielleicht sollten einige doch wenigstens einmal so richtig den Kopf schütteln, manchmal soll so etwas ja helfen! Andererseits ist nicht einmal sicher, dass ein Putin-Nachfolger (möglicherweise aus dem Militär) unbedingt gemäßigter gegenüber dem Westen auftreten

---

[212] Jaspers (1955), S. 198

wird, zumal man ja jetzt (aufgrund eines gemeinsamen Widersachers) neue Verbündete gewonnen hat, die es vorher so doch noch gar nicht gab…

Vor diesem Hintergrund könnte vielleicht doch noch von Interesse sein, dass die neue BRICS-Allianz nun demnächst noch u.a. Saudi-Arabien, die VAE, Ägypten, den Iran und Argentinien aufnehmen wird, während andere bereits zahlreich auf der Warteliste stehen! Weiterhin ist davon auszugehen, dass eine alternative Zahlungswährung zum US-Dollar sowie zum Euro entstehen wird, die aufgrund ihrer Golddeckung aller Voraussicht nach mehr Stabilität in Aussicht stellen kann… Ein Lehrstück in Sachen Dialektik!

Wie sehr eine simple Werteorientierung einen ohnehin bereits eingeengten Horizont des Menschen noch weiter bis zu einer sich intrapersonal vollziehenden Willfährigkeit verkümmern lassen kann, zeigte der Ablauf und das Ergebnis der letzten Chinareise der Bundesaußenministerin der Bundesrepublik Deutschland. Nach ihrer Rückkehr hätte man/frau doch wohl fragen dürfen, ob und inwieweit ihre Reise erfolgreich war, denn angeblich wollte sie China dazu bewegen, auf Russland einzuwirken, dass es die Kriegshandlungen einstellen möge.

Als Außenministerin sollte man/frau doch das Einmaleins der Diplomatie insofern beherrschen, dass es dazu doch zunächst einmal nötig wäre, zumindest zu einer gegenseitigen Akzeptanz, wenn auch nicht gleich Vertrauensbasis, beizutragen. Ohne im Einzelnen erfahren zu haben, wie das Gespräch abgelaufen ist, kann man/frau allerdings den Äußerungen des chinesischen Vertreters Qin Gang durchaus das Wichtigste entnehmen: „Was China am wenigsten braucht, ist ein Lehrmeister aus dem Westen“. Jedes Land habe seine eigenen Gegebenheiten und kulturellen und historischen

Hintergründe, es gebe keine „einheitlichen Standards in der Welt"![213] Und wenn dann ein Politikberater (Ebrahim Hashem) aus Saudi-Arabien im Anschluss an Baerbocks Besuch dort an die Möglichkeit einer Schulung in der 'Kunst der Diplomatie' erinnert, so wurde hier der Kommentar gleich mitgeliefert! Die Kritik von Precht an dieser dilettantischen Ausübung des Außenministeriums der Bundesrepublik Deutschland ist in jeder Hinsicht berechtigt! Die Bundesrepublik hatte zumeist hervorragende Außenminister von Brandt über Genscher bis zu Fischer und sie hatten alle eines gemeinsam, sie genossen großes Ansehen im Ausland und wurden weltweit ernst genommen, während sich die Kosten für ihre jeweilige Schönheitspflege vergleichsweise in Grenzen hielten! Wenn von einem Staat zum anderen gereist wird, um in den allermeisten Fällen nur irgendwelche schon vorher formulierten Statements abzugeben (unabhängig von möglichen kommunikativen Prozessen vor Ort!), hätte frau doch lieber der Umwelt zuliebe zuhause bleiben sollen!

Dass die Bundesaußenministerin der grünen Partei über ein Höchstmaß an Einfältigkeit verfügt und beim besten Willen nicht unterschätzbar ist, zeigte sie dann endgültig mit ihrer allesüberragenden Erkenntnis zur Wirkung der Sanktionen gegenüber Russland! So hieß es am 25.08.2023 u.a. in der NOZ, Frau Baerbock sei von der Wirkung der Sanktionen gegen Russland enttäuscht: „Eigentlich hätten wirtschaftliche Sanktionen wirtschaftliche Auswirkungen. Das ist aber nicht so. Weil eben die Logiken von Demokratien nicht in Autokratien greifen"! Um es mit Loriot zu sagen: „Ach was"!

---

[213] Vgl. Maier (2023)

Dabei hatte man/frau doch beinah über anderthalb Jahre hinweg (nicht zuletzt im Sog unaufhörlicher Prognosen der selbsternannten Wirtschaftsexpertin Frau v. d. Leyen, gebetsmühlenartig unterstützt von den Chefmissionarinnen/-missionaren der Leitmedien) immer stärkere Maßnahmen propagiert und den Bürgern in Deutschland die angeblich hohen Wirkungsgrade in Russland beinah täglich propagandistisch vorgegaukelt. Selbst der Gesundheitsminister äußerte sich in seiner unnachahmlichen Sprache der Diplomatie über den Krieg gegen Russland, während auch der für Landwirtschaft und Ernährung zuständige Minister sein hohes Gedankengut zeigte, indem er äußerte, dass jedes nicht gegessene Stück Fleisch Putin schade...

Und dass man mit immer mehr Waffen für die Ukraine Menschenleben rettet, muss einer Art Neologik entspringen, wobei in den „Leitmedien", wie es bei Precht und Welzer völlig zurecht heißt, grundsätzlich immer erst dann von einer Ausweitung und Verschärfung des Konflikts gesprochen wurde/wird, wenn Russland mal wieder (zunächst einmal verbal) auf eine Entsendung schwerer Waffen in die Ukraine vonseiten des Westens reagiert(e), vorher war/ist davon nicht so sehr die Rede! „Die Vermittler unserer Tageskenntnisse müssen nicht nur unvermeidlich unter den ´Tatsachen` eine Auswahl treffen, sie gestalten sie zugleich durch die Weise ihrer Darstellung, ihrer Anordnung, Verknüpfung, Kommentierung".[214]

In diesem Zusammenhang soll hier noch einmal die große Ausgewogenheit des NDR und die Friedensliebe der Frau Strack-Zimmermann zu diesem Thema aufgezeigt werden: Deutschland hat nach Rücksprache mit den USA eine Lieferung bestimmter Panzer (zunächst wohl 40) beschlossen – so weit, so gut. NDR Radio Niedersachsen: „Nachdem die Ukraine lange darum gebeten

---

214 Hofmann (1970), S. 46

hatte…". Anschließend kommen Politiker zu Wort (u.a. natürlich Herr Hofreiter), die das alle begrüßen, es aber zumeist als viel zu spät erachten… Das Schlusswort hat natürlich (sozusagen als Krönung) Frau Strack-Zimmermann, die nun für die Zukunft (endlich) weniger Zögerlichkeit des Kanzlers bei Waffenlieferungen einfordert und das begründet mit den vielen Toten, die es bisher gegeben habe! Geht es der Frau tatsächlich darum, Leid in Zukunft möglichst zu verhindern, oder könnte man auf die Idee kommen, dass hier möglicherweise auch simple Rachegedanken vorliegen, welche immer sehr schlechte Ratgeber sind – nicht nur in der Politik, aber vor allem dort! Der Überlegung, dass Frau Strack-Zimmermann als Präsidiumsmitglied eines großen Rüstungsunternehmens bei Waffenlieferungen an die Ukraine auch das unternehmerische Ergebnis im Auge haben könnte, soll hier nicht weiter nachgegangen werden. Geradezu absurd klingt in Bezug auf den Ukraine-Krieg dann aber noch die wissenschaftlich orientierte Sicherheit (mehr noch als die Behauptung an sich!) der Frau Kemfert, indem sie rückwirkend ein uneingeschränktes sofortiges Embargo gegenüber Russland als „ein ziemlich vielversprechendes Instrument für ein schnelles Ende des Krieges" propagiert[215] und somit (indirekt) den Bundeskanzler dafür verantwortlich macht, dass dieses nicht gelungen ist!

Wenn man sich nun einige der unzähligen manipulativen Beiträge der Medien (insbesondere der öffentlich-rechtlichen) zu den Brandthemen *Zuwanderung*, *Klimakrise* und *Ukraine-Krieg* noch einmal zu Gemüte führt, wobei vor allem Precht/Welzer ein großer Dank gebührt, sich dieser allgemeinen Informationsmisere angenommen zu haben, so könnte man annehmen, es ginge nicht noch schlimmer, aber weit gefehlt!

---

215 Vgl. Kemfert (2022), S. 27

Eine Frau Sophie Mühlmann nimmt für das NDR-Bezahlfernsehen in 'Hallo Niedersachsen' die vertrauenswürdige Aufgabe wahr, über den Auftritt von Herrn D. Ganser in Hannover zu berichten. Allerdings geht es an keiner Stelle und mit keinem Wort um irgendeinen Inhalt seiner Veranstaltung, sondern vom Anfang bis zum Ende nur um seine Person, die auf übelste Weise höchst propagandistisch diffamiert wird! Ein Forscher und Historiker, der für seine äußerst akkuraten Recherchen bekannt ist und der bis zum russischen Überfall auf die Ukraine eher dem linken Lager zugeordnet wurde, wird nun mit Verschwörungstheorien sowie dem Rechtsradikalismus in Verbindung gebracht – wie es uns gefällt! Was liegt da näher, als zu dieser Sendung gleich zu Beginn schon eine 'Expertin' von einer 'Koordinierungsstelle für Rechtsextremismus und Fremdenfeindlichkeit' (!) zu Wort kommen zu lassen, die dann tatsächlich von 'menschenverachtenden Inhalten' spricht, gleichwohl sie keinen Bruchteil eines Inhalts zusammenhängend erwähnt! Aber auch das geht noch schlimmer! Diese Dame behauptet auch noch, Ganser wolle sein Publikum 'manipulativ zu Schlüssen' bringen! Wer diesen Historiker auch nur einmal gehört oder von ihm gelesen hat, weiß, dass genau das nicht der Fall ist, es sei denn, man hat ihn gar nicht verstanden!

Das Einzige, was man ihm vorwerfen könnte, ist, dass er sich ausgerechnet im Verlauf des Krieges immer häufiger in Szene gesetzt hat und somit natürlich – vor allem bei historisch recht unbedarften Menschen – der Eindruck entsteht, er sei eindeutig auf der Seite Russlands, denn im Verlauf einer mehr und mehr aufgeheizten Stimmungslage sollte ein in der Öffentlichkeit stehender Mensch der Historie – im Gegensatz zu einem Großteil unsere Mainstream-Medien – für die Wirkung seiner Ausführungen vielleicht doch Verantwortung übernehmen oder wenigstens wissen, wie diese wirken (könnten). Unabhängig davon werden seine Darlegungen zum 9. September vermutlich immer umstritten bleiben.

Doch Frau Mühlmann hatte ja ganz Besonderes im Sinn und fuhr ungehindert fort, indem sie einen Vertreter einer 'liberalen jüdischen Gemeinde' zu Wort kommen ließ, der zufällig auch noch Ukrainer war! Er wandte sich dann auch sogleich mit Vehemenz gegen Gansers Sympathie für Russland, was ja aus ukrainischer Sicht sicherlich auch nachvollziehbar ist, trug anschließend jedoch eine bahnbrechende Erkenntnis vor: 'Verschwörungstheorien sind strukturell immer antisemitisch', während er zu Beginn schon geäußert hatte, er habe sich eine Absage der Veranstaltung (sicher meinte er ein grundgesetzwidriges Verbot) gewünscht! Auch von einer Gegendemonstration ('Omas gegen rechts') war die Rede, von der jedoch aus verständlichen Gründen (es regnete in Strömen) nichts gezeigt wurde. Darüber hinaus warf sie Ganser eine 'Täter-Opfer-Umkehr' vor ('das kommt gut an in diesen Kreisen') und endete schließlich damit, dass man 'Die Erde ist eine Scheibe' nicht unwidersprochen stehen lassen dürfe!

Wer nun jedoch der Meinung ist, Dummheit sei harmloser als Zynismus oder Frechheit, der sollte Frau Mühlmann doch dann auch keine Vorwürfe machen, denn wenn sie sich vorher noch nie mit Ganser beschäftigt hatte, woher sollte sie das alles besser wissen? Außerdem hatte sie doch seit langem überall lesen und hören können, dass dieser Mann längst zu einem der größten Feindbilder der Mainstream-Gesinnungsjournalisten avanciert war.

So wusste die FAZ vom 'Star der Putin-Versteher' zu berichten und das ZDF hatte von 'Billigrhetorik eines Spalters' gesprochen, dessen Publikum sich vorwiegend aus Querdenkern, Verschwörungstheoretikern und Unzufriedenen zusammensetze. Wer wollte es Frau Mühlmann da verdenken, dass sie sich bei diesen 'fortschrittlichen' Journalisten doch gerne einzureihen gedachte, wobei die/der zuständige Chefredakteurin/Chefredakteur des NDR unter Umständen auch sehr *gespannt* war, ob es die junge Frau Mühlmann vielleicht sogar noch besser machen würde als so manch anderer und sich somit für weitere Reportagen geradezu aufdrängen könnte. Dabei sollte man nicht immer gleich an die Quote denken, denn immerhin hat sie das 'Q' und das 'u' am Anfang mit der Qualität gemeinsam! Und um eine Charakterisierung eines solchen Historikers auf diese menschenfreundliche und überaus redliche Weise vornehmen zu können, ist lediglich Voraussetzung, historisch wenig bewandert zu sein, den Mann nicht zu kennen und noch nie etwas von ihm gelesen zu haben! Umso verständlicher ist es dann, dass sich der NDR anschließend nicht in der Lage sah, sich von dem Beitrag ihrer so begabten und 'fortschrittlichen' Mitarbeiterin zu distanzieren.

Geschichtliche Vergleiche hinken mehr oder weniger immer, aber die Historiker in aller Welt haben Jahrzehnte gebraucht, um festzustellen, dass Deutschland keineswegs die Alleinschuld am Ausbruch des Ersten Weltkriegs trifft! Man stelle sich vor, sie wären darauf schon früher gekommen und hätten entsprechenden Einfluss auf die Politik nehmen können, nicht zuletzt in Frankreich... Ob der Versailler Vertrag, möglicherweise der unvernünftigste und folgenreichste in der Geschichte der Menschheit, dann wohl hätte milder ausfallen können, was unbedingt im Interesse der Weimarer Republik und ihrer Überlebenschancen gewesen wäre?

Wenn die Außenministerin aus der Ideologie-Partei sagt, Russlands Wirtschaft müsse ruiniert werden und man werde (und damit meint die Frau das rohstoffarme Deutschland!) bis zum bitteren Ende an der Seite der Ukraine stehen, unabhängig davon, was der deutsche Wähler dazu sage, so muss man im Sinne von Lichtenberg konstatieren, dass sie als Amtsträgerin weit unter ihrem Amt liegt! Ihre im Bundestag geäußerte Meinung, die jedes Menschenrecht verachtenden gewaltsamen Reaktionen des Mullah-Regimes im Iran hätten mit Religion nichts zu tun, liegt hingegen weit außerhalb einer an Prozessen der Logik und der Vernunft orientierten Wahrnehmung und ist somit eines Kommentares unwürdig, gleichwohl sie damit in dem einen oder anderen durchaus Angst auslösen könnte!

Denn wenn man den Gedanken der Bundesaußerministerin folgt, deren eigene es ja vermutlich waren, so hat die jeweilige politische Lage in muslimisch orientierten Staaten nichts mit Kultur und Religion zu tun! Entsprechend ist dann auch das plötzliche Geschrei über den die Fußballweltmeisterschaft austragenden Staat Katar einzuordnen. Es handelt sich auch hier um ein muslimisch ausgerichtetes Land, das dummerweise tatsächlich sehr reich ist, im Gegensatz zur Bundesrepublik, deren angeblicher Reichtum von bestimmten Kreisen aus Medien und Politik, die vom Wissen über wirtschaftliche und weltpolitische Verflechtungen weit entfernt sind und erwirtschaftetes Geld vermutlich nicht einmal von Kreditgeldern oder gar gedruckten Scheinen unterscheiden können, immer (noch) hervorgehoben wird – aus welchen Gründen auch immer…

Viele Jahre zuvor wurde die Weltmeisterschaft nach Katar vergeben, später stellte man fest, dass es dort ja sehr heiß ist und die WM dieses Mal kurz vor Weihnachten stattfinden müsse, dann hörte man immer wieder von Toten an den Arbeitsplätzen und kam doch tatsächlich noch auf die Idee, dass hier ja Frevel an der Umwelt begangen würde. Alles Dinge, die man vorher hätte wissen müssen, zumal in einem solchen Staat natürlich, fernab von rechtsstaatlichen Organen, auch keine Arbeitsschutzgesetze, wie man sie bei uns kennt, vorliegen. Aber dass ein muslimisch ausgerichtetes Land sich dem Wertepluralismus westlicher Staaten (zumal in Bezug auf Diversität…) anschließt, ist beim besten Willen nicht denkbar!

Für jede/jeden gläubige/n Muslima/Muslim sind Menschen außerhalb ihrer Religion 'Ungläubige' und werden es bleiben, solange es den Koran gibt! Dass grün-sozialistisch orientierte Gutmenschen (vor allem in Deutschland) von ihrer Abkehr vom christlichen Glauben hin zu einer 'fortschrittlichen' Ideologie einfach (furchtbar simpel!) so auf andere Gläubige schließen, wobei sie vermutlich sogar von einer wie auch immer gearteten Zwangsläufigkeit ausgehen, ist wieder einmal der typische Fall von 'Denkste' und nicht nur eine gröbste Beleidigung dieser Menschen in aller Welt, sondern entstammt einer vollständigen Unkenntnis geschichtlich-religiöser Zusammenhänge! Während man für Deutschland weitere Zuwanderungen (welcher Art auch immer) einfach mal so einplant, gehen die dafür zuständigen Ideologinnen einer bestimmten Partei ganz offensichtlich wieder von einer Gleichheit der Religionen aus, die gleichberechtigt friedlich nebeneinander existieren, ohne dabei die Situation jedes einzelnen Gläubigen zu berücksichtigen. Die Realität sieht jedoch etwas anders aus und es kann wohl angenommen werden, dass Lessing und andere Aufklärer, so groß ihre Trauer auch wäre, sich ihr nicht verschließen und den Wunsch nicht zur Mutter der Gedanken machen würden, wie das bei den (fanatisch) gläubigen Gutmenschen deutscher Integrationspolitik seit Jahren zu beobachten ist.

Kein jüdisch Gläubiger würde auf die Idee kommen, den christlichen oder muslimischen Glauben in seiner Wertigkeit seinem gleichzusetzen! Ebenso gilt das selbstverständlich auch umgekehrt für die beiden anderen Glaubensrichtungen! Und keiner dieser drei würde im Zweifelsfall das Grundgesetz des jeweiligen Staates über die Gesetze seines Glaubens stellen! Insoweit sind diese drei monotheistischen Glaubensrichtungen tatsächlich gleich! Und viele ihrer Gläubigen sind zweifellos auch einer Meinung darüber, dass beispielsweise sowohl die Transgenderideologie als auch eine Unterbrechung der Schwangerschaft grundsätzlich abzulehnen sind.

Es wäre viel erreicht, wenn man sich darauf verständigen könnte, grundsätzlich niemals Gewalt zur Durchsetzung seiner religiös motivierten Ziele einzusetzen! Seien wir endlich bescheiden(er) und widmen unsere Kräfte dieser wunderbaren Vorstellung und lassen uns nicht in eine Missionsbewegung hineinziehen, wie sie von grüner Ideologie ('werteorientiert') propagiert und praktiziert wird!

Toleranz heißt bekanntlich vor allem, zu ertragen; also ertragen wir doch, dass sich der jeweils andere Gläubige für den 'Richtigen' hält! Das ist keineswegs zu verwechseln mit dem Gebaren weiter Teile der (vor allem protestantisch-christlichen) Kirche, die sich mehr und mehr von religiöser Entschiedenheit, welche sie mit Intoleranz verwechseln, ab- und einem Dialog mit dem Islam zuwenden, der sich seinerseits keinen Deut dem Christentum nähern kann, weil das so (s. Koran) nicht vorgesehen ist! Wobei die 'fortschrittlichen' Christen mit ihrer Art 'Einkehr' – vor dem Hintergrund ihres 'neuen' Glaubens – bei anderen Religionen in keiner Weise höhere Achtung genießen – auch das wäre vollkommen unlogisch, und auf eine solche Idee kann nur jemand kommen, der sich mit Religion(en) noch nie beschäftigt hat. Eine Tatsache, der sich unsere Integrationsexpertinnen, die sich im Entfernen christlicher Symbole geradezu gegenseitig übertreffen, natürlich nicht bewusst sind! Man darf gespannt sein, was aus dieser Richtung zukünftig noch so alles zu erwarten ist. (?)

Der Mensch hat die Möglichkeit, sich, ohne an bestimmte Situationen gebunden zu sein, in die Lage anderer hineinzuversetzen; damit sollte man sich dann doch bisweilen etwas näher beschäftigen, anstatt seine eigenen Vorstellungen voreilig auf andere projizieren zu wollen, die man gar nicht kennt, wobei das vor allem dann kontraproduktiv, wenn nicht gar gefährlich sein kann, wenn derjenige sich auch noch einem 'fortschrittlich' gesinnten Gutmenschentum zugehörig fühlt!

Vielmehr sollten wir die Religionen auch in ihrer von den Gläubigen so wahrgenommenen Ungleichheit untereinander tolerieren, in der Erkenntnis, dass die an sich wunderbaren Ideen der Aufklärung im Sinne der Radikalität ihrer Erfinder, was diese Thematik angeht, wahrscheinlich so leicht und so schnell nicht zu verwirklichen sein wird – möglicherweise zu Lebzeiten des Menschen auf dieser Erde nicht (mehr).

Dementsprechend sollten wir uns einmischen, wenn dem kleinsten denkbaren Nenner, nämlich der Gewaltlosigkeit, nicht entsprochen wird, aber darüber hinaus ist von Fall zu Fall sowie von Staat zu Staat geradezu feinfühlig abzuwägen, selbstverständlich auch oder sogar gerade gegenüber Staaten wie Katar! Denn es sollte eigentlich keinem (einschließlich der Medien oder gar instrumentalisierten Sportlern) zugestanden werden, unvorstellbar komplexe weltpolitische Sachverhalte, die keine einfache Einteilung in Freund und Feind oder gar Gut und Böse zulassen, im Stile einer menschenunwürdigen Monokausalität auf z.B. das Tragen einer Binde herabzuwürdigen!

Staat dessen brauchen wir Aufklärung, sokratisches Denken und Perspektivwechsel in Verbindung mit einer permanenten Bereitschaft zum Diskus und Kompromiss – nach außen ebenso wie nach innen! Eine Demokratie braucht diese Menschen umso dringlicher, je klarer ersichtlich wird, dass die sogenannten Eliten in zunehmendem Maße ein ihnen genehmes Demokratieverständnis entwickeln, das sie vorwiegend an ihre Macht denken lässt und immer weniger an die des Volkes, woran man/frau sich bestenfalls bei Wahlveranstaltungen erinnert oder vielleicht sonntags! Nicht nur einiges deutet darauf hin, dass zu wenige Politiker in Amt und Würde geraten, deren Mündigkeit ausreicht, um ein Bewusstsein dafür zu entwickeln, dass eine Demokratie grundsätzlich schutzbedürftig ist und man/frau um ihr Befinden permanent besorgt sein muss, es sei denn, man denkt nicht weiter als bis zur nächsten Wahl.

Wie viel Bürger mögen es zurzeit in der BRD wohl sein, denen, abgesehen von einem als selbstverständlich empfundenen Genuss der Freiheit bis hin zu großzügigen Subventionen, der Zustand der Demokratie einigermaßen gleichgültig ist, und wie viel aufrechte Demokraten gibt es, die sich für dieses Gesellschaftssystem merklich einsetzen würden, in der Gewissheit, dass Aufklärung ohne Freiheit nicht denkbar ist? Die Weimarer Republik war von vornherein in Gefahr und die Bundesrepublik Deutschland wäre es bis heute (noch) nicht, wenn die 'vierte Macht' in den letzten Jahren nicht so eindeutig von jeder Verantwortung gegenüber einer Mehrheit der Bevölkerung und damit der Demokratie an sich abgerückt wäre und man ihr über weite Strecken nicht gröbstes Versagen vorwerfen müsste! Sie ist maßgeblich dafür verantwortlich, wenn die Demokratie zunehmend in Gefahr gerät, zumal sie die ihr von den Müttern und Vätern des Grundgesetzes eingeräumte Pressefreiheit, die uneingeschränkt mit der Meinungsfreiheit genannt werden muss, in erheblichem Maße, von wenigen Ausnahmen einmal abgesehen, für ihre Zwecke, welche das auch immer sein mögen, missbraucht!

Wer beispielsweise zu den großen Themen *Corona*, *Klima*, *Zuwanderung* sowie *Ukraine-Krieg* über weite Strecken nur eine Meinung gelten lässt und diese dann direkt und zumeist verkrampft oder zumindest subtil an den Mann oder die Frau zu bringen versucht, erinnert eher an die Medienlandschaft totalitärer Staaten und bringt eine Demokratie allein dadurch in Gefahr, weil an zahlreichen (jederzeit berechtigten) Gegenargumenten aus der Bevölkerung (nicht selten sogar von Mehrheiten) systematisch vorbeigegangen wird.

Standen bei den 'Leitmedien' (mit den öffentlich-rechtlichen Anstalten an der Spitze) in Bezug auf die obigen vier Themengebiete 'objektive Berichterstattung' und 'bedingungslose Wahrheitsliebe' im Vordergrund? Wurde zwischen Kommentar und Nachricht immer deutlich getrennt? Und standen die Kommunikationsbedürfnisse der Bürger im Mittelpunkt?[216] Auch unter Berücksichtigung der Tatsache, dass es sich hier um Ideale handelt und dass die jeweilige Meinung eines Journalisten zweifellos

---

[216] Vgl. Frei (2021), S. 221 f.

schon immer vor seiner Nachricht steht und somit auch unvermeidlich (jedenfalls unbewusst) zumindest zwischen den Zeilen mit einfließt, könnte man ins Schwärmen geraten, wenn große Teile der Medienvertreter sich wenigstens große Mühe geben würden, im Rahmen ihrer Berichterstattungen beispielsweise den von Eisenhower 1946 vorgegebenen Voraussetzungen eines Qualitätsjournalismus in der parlamentarischen Demokratie immerhin nahezukommen. Die natürliche Person 'Demokratie' wäre begeistert und würde hinsichtlich zu erwartender Krisen große Gelassenheit ausstrahlen!

Im krassen Gegensatz dazu begibt sich eine große Mehrheit der Medienvertreter auf das Gebiet, das der Journalismus eines demokratischen Staates auf keinen Fall betreten darf: Man versucht mit allen Mitteln der Kunst Politik zu machen! Viele Medienvertreter missverstehen sich als politische Aktivisten, „vor allen Dingen deutsche Journalisten präsentieren sich gerne als Oberlehrer der Nation“[217], sodass die Meinungen des Einzelnen, soweit sie vom dominierenden Einheitsjournalismus abweichen, ignoriert oder einer Randgruppe zugeordnet werden, die in früheren Beiträgen bereits mehrfach abqualifiziert worden war. „Was den klassischen Massenmedien wie den neuen Sozialen Medien heute am meisten fehlt, ist der Geist der Liberalität“.[218] Was muss in großen Teilen dieser Berufsgruppe wohl vorgegangen sein, dass sie Belehrungen vor das Berichten setzen? Was bildet man sich eigentlich ein?

Ganz offensichtlich sind nicht wenige von ihnen auch beseelt davon, dem zeitgeistigen Gutmenschentum ergeben zu sein, was nicht unbedingt auf intellektuelle Kompetenzen schließen lässt. Selbst dann, wenn über den Gutmenschen nur wenig bekannt wäre, könnte wohl Folgendes angenommen werden: Entweder hat er noch nie

---

[217] Bolz (2023), S. 24

[218] Ebd., S. 23

etwas von der selbstverursachten Unmündigkeit gehört oder er ist aufgrund mangelnder Kondition und Geduld schon früh vom Weg abgekommen, um möglicherweise eine Abkürzung zu nehmen. Wer sich auf den Spuren Kants bewegt, tut das hingegen in der Gewissheit, niemals an ein Ziel zu gelangen! „Der Denker steht selbst noch in der Entwicklung, die die Geschichte ist, er ist nicht am Ende, weiß daher – auf einem Hügel mit begrenztem Blick stehend, nicht auf dem Weltberg mit einer Gesamtübersicht – Richtungen möglicher Wege, und weiß doch nicht, was Ursprung und Ziel des Ganzen ist".[219] Wer zwischendurch dem Irrtum unterliegt, er hätte irgendein Etappenziel erreicht, welches ihn nun, sich weit überschätzend, dazu bewegt, Kant auf einer Nebenspur gar zu überholen, hätte sich das Ganze lieber ersparen und Gesinnungsjournalist werden sollen. Wenn sich ein Mensch seines eigenen Verstandes tatsächlich im Sinne der Aufklärung bedient, so ist damit zwangsläufig auch eine permanente Introspektion verbunden, was ihn jederzeit davon abhält, auf den Gedanken zu kommen, er sei so etwas wie ein Gutmensch oder müsse sich mit einem solchen identifizieren! Ganz besonders paradox ist es dann, wenn man/frau sich zunächst scheinbar auf Kant beruft, um dann allerdings, wegen angeblich neuer Herausforderungen in Verbindung mit einer überaus 'fortschrittlichen' Weltanschauung, die Freiheit der Bürger normativ einzuschränken, indem man/frau für sich regelrecht reklamiert, was einst eher Gott zugesprochen wurde, um somit weit hinter der Aufklärung zurückzubleiben. „Dass einige zu wissen meinen, was das Beste für die anderen wäre, ist die innere Bedrohung der Freiheit – die als Wohltat getarnte Tyrannei."[220] Derjenige, welcher sich im Besitz der Wahrheit wähnt und Gott zu spielen vermag, hat nie um sie gerungen, ist Sklave

---

[219] Jaspers (1955), S. 249

[220] Bolz (2023), S. 74

seiner Gedanken- und Gottlosigkeit, hasst alles, was anders ist, und kennt den Menschen nicht!

Auf die unmittelbare Praxis der Medien bezogen fordern Precht/Welzer in diesem Zusammenhang eine neue Medienkompetenz, „denn ein politischer Journalismus, der auf der Höhe der Zeit ist, müsste reflexiv in dem Sinn werden, dass er sich über die Transformation seines ureigensten Gegenstands, der Politik, Rechenschaft ablegt – und damit automatisch auch über das eigene Handwerk", sodass die so geprägten „neuen" Journalisten „ein anderes Berufsethos haben als ihre Vorgängergeneration".[221] Diese auf die Sensibilität einer Demokratie und Aufklärung ausgerichteten Vorstellungen verdienen uneingeschränkte Zustimmung, rufen jedoch nur wenig Optimismus hervor, denn ähnlich wie bei der Ausbildung von Pädagogen stellt sich vorab die Frage, wer denn Interesse an einer wirklichen Qualitätserweiterung im Sinne von emanzipierten, verantwortungsbewussten, sich stets reflektierenden Journalisten (oder auch Lehrern und Erziehern) hat und entsprechende (nahezu revolutionäre) Veränderungen in den Ausbildungszielen vornehmen würde. (?) Allein die weitgehend einfältigen Reaktionen von Medienseite auf die 'DIE VIERTE GEWALT' dürften ausreichen, um zu erkennen, wie weit wir von einer solchen Entwicklung entfernt sind, wobei die seit mindestens zwei Jahrzehnten zu vernehmenden 'Antworten' von Bildungspolitikerinnen und '-expertinnen' auf die zunehmenden Bildungsdefizite nur noch ein wenig peinlicher ausfallen.

Aufklärerisch orientierte Freunde der parlamentarischen Demokratie, die sich stets für diese einsetzen (würden), ohne zunächst immer gleich an den eigenen Vorteil zu denken, müssen zurzeit ganz offensichtlich woanders gesucht werden. Gregor Gysi zum Beispiel, einer der Politiker, der jederzeit – auch über

---

[221] Vgl. Precht & Welzer (2022), S. 260 f.

Parteigrenzen hinweg – dem besseren Argument zugänglich ist, hebt, als bekennender Atheist, seit langem schon den unverzichtbaren Beitrag der Religionen in Bezug auf das Funktionieren einer demokratischen Gesellschaftsordnung hervor. So spricht er vom „befreienden Gehalt religiöser Ideen" und von einer drohenden Verkümmerung der Demokratie, wenn es an einer „vernünftigen Auseinandersetzung um ein gemeinsames Wohl" fehle. Und selbst Jürgen Habermas sieht keine Alternative zum „egalitäre(n) Universalismus, aus dem die Ideen von Freiheit und solidarischem Zusammenleben, von autonomer Lebensführung und Emanzipation, von individueller Gewissensmoral, Menschenrechten und Demokratie entsprungen" seien, die ein Erbe der jüdischen Gerechtigkeits- und der christlichen Liebesethik wären.[222] Vielleicht gebietet es sich dann aber doch, etwas genauer hinzuschauen, ob von Religion unter diesen Umständen noch gefragt ist, den Staat und die Gesellschaft an die Seinsordnung zu erinnern, oder ob sie lediglich einen Beitrag zum gesellschaftlichen Diskurs und zur Bewältigung sozialer sowie psychischer Probleme beisteuern soll und somit in ihrer auf einen sozialen „Klebstoff" reduzierten Rolle zum bloßen Handlanger politischer Interessengruppen herabgewürdigt wird/werden soll.[223]

Zeit seines Lebens kann der Mensch darüber philosophieren und auch diskutieren, ob es einen Gott gibt. Kommt er tatsächlich einmal zum 'Ergebnis', es gäbe ihn nicht, ist das Problem wohl für ihn erledigt und er kann sich ausschließlich dem Leben auf Erden zuwenden. Gibt es ihn jedoch, so kann wohl angenommen werden, dass Gott sich nicht wie eine Marionette von irgendwelchen Zeitgeistern, je nach Bedarf, zurechtbiegen lässt, um für menschenfeindliche Ideen instrumentalisiert zu werden. Denn im Anfang war das Wort und nicht eine Tat, der dann dazu passende

[222] Vgl. Habermas (2001), S. 173 ff.

[223] Vgl. Felber (2021), S. 153

Worte einfach mal so nachgereicht werden (können). Ein Gott, der sich wie eine Witzfigur manipulieren lässt, seine Vaterrolle ablegt, eine Umwandlung seines Geschlechts zulässt, sich mit Gottheit, Universum und geistiger Welt verwechseln lässt, die Freigabe des Schwangerschaftsabbruchs uneingeschränkt begrüßt („Euer Körper gehört Euch, ihr Gottheiten des Feminismus der Genderideologie"), die Familie als überholt diskreditiert und in seinen Häusern gar Anarchisten sich auf ihre Straßenkämpfe vorbereiten lässt, verrät Wahrheit und Gerechtigkeit, ist ein Feind von Aufklärung und Freiheit und damit auch der parlamentarischen Demokratie! Keine Demokratie bedarf dieses 'fortschrittlichen' Gottes, dem in erster Linie weite Teile der protestantischen Kirche mehr oder weniger gut zureden, wobei diese dabei einer gewissen Tradition zu unterliegen scheint, irgendwelchen neuen Bewegungen vorauszueilen, um sich dann später ggf. nicht mehr daran zu erinnern. Eine Kirche, die nach allen 'fortschrittlichen' Seiten offen ist, kann, um es mit Peter Hahne zu sagen, „nicht ganz dicht sein"! „Leider ist das Christentum in der öffentlichen Wahrnehmung so farblos geworden und verwässert, dass die lebendige Hoffnung auf die Wiederkunft Christi, die im Mittelpunkt stehen sollte, fast völlig verloren gegangen ist – oder man sie den Spinnern überlassen hat".[224] „Der Mensch (ob Pfarrer oder Politiker) erliegt der Versuchung, sein zu wollen wie Gott, und zu verkünden, was vermutlich gut ankommt (wirkungs- statt wahrheitsorientiert)".[225]

Nichtsdestotrotz setzt Hartmut Rosa in seinem Buch „Demokratie braucht Religion" im Schwerpunkt auf die von Jesus Christus immer wieder propagierte und gelebte Sanftmütigkeit, indem er behauptet: „Demokratie ist das zentrale Glaubensbekenntnis unserer Gesellschaft, aber sie erfordert eben Stimmen, Ohren und hörende Herzen"! (Vorwort) Er konstatiert vollkommen zurecht, dass es in

---

224 Lennox (2022), S. 175

225 Felber (2021), S. 176

der heutigen Gesellschaft „massiv an hörenden Herzen mangelt", dabei kritisiert er, dass die Andersdenkenden häufig nicht mehr als Dialogpartner gesehen würden, sondern als „ekelerregende Feinde" und „Idioten".[226] Stattdessen wünscht er sich ein „Aufhören", mehr Ohren und Sehen für den/des anderen im Hinblick auf Resonanz auf der Grundlage ergebnisoffener Begegnungen zwischen Menschen, die Interesse an neuen Gedanken haben und sich anrufen lassen (wollen). Schließlich erinnert er daran, dass die gesamte Tradition des religiösen Denkens, die besten religiösen Deutungen auf „Resonanzverhältnisse" ausgerichtet seien und dass der „Aggressionsmodus" dabei keinen Platz finde.[227]

Nun reicht es allerdings nicht aus, dem uneingeschränkt zuzustimmen und zu bedauern, dass wir davon zurzeit weit entfernt sind, sondern wir müssen dann auch eindeutig und unmissverständlich kundtun, was wir nicht wollen(!) und welche Gruppierungen wir ablehnen, wenn diese jegliche „vernünftige Auseinandersetzung" von vornherein und demonstrativ ausschließen. Das würde die natürliche Person 'Demokratie' von jedem gewählten Abgeordneten dieser Republik erwarten, abgesehen natürlich von denen, die bereits in ihrem Wahlprogramm angekündigt hatten, dieses System abschaffen zu wollen! Jeder Politiker, Unternehmer, Medienvertreter, Wissenschaftler, Kulturschaffende und vor allem auch Beamte, der sich auf irgendeine Weise von diskurs- und staatsfeindlichen, antidemokratischen Ignoranten erpressen lässt, trägt maßgeblich dazu bei, dass der Rechtsstaat mehr und mehr einem Gesinnungsstaat geopfert wird. Das gilt nicht zuletzt auch für Wissenschaftler, die sich in Form von Gefälligkeitsgutachten gegenseitig zu übertreffen scheinen und nicht selten ihre Reputation zur Abgabe von bisweilen abenteuerlichen Zukunftsprognosen

---

[226] Vgl. Rosa (2022), S. 54

[227] Vgl. ebd., S. 68

missbrauchen, um so politische Zielsetzungen zu favorisieren. Auch verdienen diejenigen unter ihnen, die sich aus karrieristischen Gesichtspunkten den vielfachen gewaltsamen Eingriffen von Antidemokraten in die Freiheit von Wissenschaft und Forschung an den Universitäten beugen, keinerlei Verständnis, zumal sie eher als andere die im Sinne von Kant feigen und faulen Politiker daran erinnern könnten, dass es hier ja 'nur' um ein im Grundgesetz garantiertes Recht der freien wissenschaftlichen Betätigung geht. „Der entscheidende Unterschied zu den von den Linken bestimmten Jahren früherer Zeiten liegt darin, dass sich die Professoren nicht wehren: Sie weisen den Weg."[228] Wissenschaftliche Auseinandersetzungen werden von einer intoleranten Minderheit unterdrückt und offenbar soll die Freiheit von Lehre und Forschung abgeschafft werden. „Ihr relativistischer Kampf gegen privilegierte Perspektiven erkennt überhaupt keine absoluten Werte mehr an und zerstört damit auch die letzten Reste der westlichen Tradition, nämlich Toleranz, Pluralismus und Gedankenfreiheit."[229]

Bleibt noch die große Mehrheit der einfachen Bürger, von denen so mancher erwartet, dass sie sich gern einer Masse von Mitläufern anschließen, weil sie es so gar nicht mögen, mit ihrer Meinung allein dazustehen und es ihnen nicht selten an Selbstvertrauen, Risikobereitschaft und Mut fehle. Dabei ist allerdings dringend geboten, eine etwaige Kritik nur unter Berücksichtigung der sozialen Umstände im Zusammenhang mit einer möglicherweise erheblichen Einbindung desjenigen in die Pflichten zur Existenzsicherung, verbunden mit beträchtlichen Einschränkungen der arbeitsfreien Zeit, zu üben. „Der zahlreichere Teil der Menschen wird durch den Kampf mit der Not viel zu sehr ermüdet und abgespannt, als daß er sich zu einem neuen und härteren Kampf mit dem Irrtum aufraffen

---

[228] Finkielkraut (2023), S. 105

[229] Bolz (2023), S. 112

sollte."[230] Demgegenüber treffe die anderen, „die ein besseres Los von dem Joch der Bedürfnisse frei macht", „gerechte Verachtung", falls sie sich auf eigene Wahl für Täuschungen und gegen die Wahrheit entschieden haben. Eine Wahrheit, der man sich nur in der Erkenntnis, sie nicht erreichen zu können, in Form eines Negativauswahlverfahrens, das von einer permanenten Introspektion reflektierend begleitet wird, nähern kann, indem man sich ein Stück von der Unwahrheit entfernt. So sagt Gotthold E. Lessing: „Nicht die Wahrheit, in deren Besitz irgend ein Mensch ist, oder zu sein vermeinet, sondern die aufrichtige Mühe, die er angewandt hat, hinter die Wahrheit zu kommen, macht den Wert des Menschen"![231]

Wenn nun jedoch G. Scholdt, von den Strukturen der heutigen Gesellschaft ausgehend, in dieser Hinsicht äußerst pessimistisch in die Zukunft blickt, indem er sich für die Mehrheit nur ein Heulen mit den Wölfen vorzustellen vermag, unterschätzt er die inzwischen große Zahl extrem freiheitsliebender Menschen sowie auch deren Mut, sich den zeitgeistigen Tendenzen zur Wehr zu setzen, die ihm „den unvernebelten Gebrauch des Verstandes moralistisch abdressieren" wollen[232], denn zwischen den von Schiller genannten beiden gesellschaftlichen Gruppierungen ist inzwischen eine bedeutsame große Gruppe an Bürgern hervorzuheben, die allesamt einer Mittelschicht zuzuordnen sind sowie durchweg ein recht 'normales' Leben führen und, so ganz nebenbei, auch noch für ein erhebliches Steueraufkommen sorgen. Es ist vorrangig eine sittliche und geistige Kraft, verbunden mit beruflicher Tüchtigkeit und die im Erwerbsleben bewiesene innere Achtbarkeit, was den echten Mittelstand bis heute kennzeichnet. Seine Mitglieder haben sich zumeist durch Disziplin und Ausdauer ein (größtenteils kleines)

---

[230] Schiller (1965), S. 30 f.

[231] Ulshöfer (1972), S. 123

[232] Vgl. Scholdt (2022), S. 93

Vermögen erarbeitet, wobei ihnen nicht selten die Familie großen Halt gibt, um Krisen und Rückschläge zu bewältigen und überdies eine halbwegs vernünftige Identität zu bilden. Wenn man einmal von technokratisch ausgerichteten Beamten unter ihnen absieht, kann hier getrost vom freien Bürger gesprochen werden, der für sich selbst Verantwortung übernimmt und dessen Selbstwertgefühl vornehmlich aus Selbstdisziplin erwächst. Das nennt Norbert Bolz durchaus nachvollziehbar „die Tapferkeit des Bürgers", der in Wirklichkeit der letzte Träger der Aufklärung sei, weil er Mut zur Bürgerlichkeit habe!

Das sind sicherlich gute Voraussetzungen, aufklärerische Gedanken zum Schutz der parlamentarischen Demokratie zu entwickeln sowie zeitgeistigen Vertretern der Unwahrheit Paroli zu bieten, wobei ein Idealist hier einerseits natürlich einwenden könnte, die Gedanken müssten dann auch eindeutig und für alle hörbar geäußert werden, denn dem von Bolz gepriesenen „Mut zur Bürgerlichkeit" könnte ja im ungünstigsten Fall ausschließlich eine Besorgnis um den Erhalt des Eigentums zugrunde liegen. Andererseits ist zu entgegnen, dass in diesem Fall mehr Pragmatismus gefordert ist, wenn es um nicht weniger als die parlamentarische Demokratie geht, für die bereits jedes Sandkorn im Getriebe des links-grün dominierten Zeitgeistes ein Licht am Ende des Tunnels darstellt, ganz abgesehen davon, dass die zurzeit herrschenden Gesinnungsmedien einen kritischen Geist sowieso kaum zu Wort kommen lassen. Darüber hinaus verfügen die meisten Vertreter eines bürgerlichen Mittelstandes allein schon aufgrund ihrer Sozialisation über das „Selbstvertrauen, die Risikobereitschaft und den Mut" eines freien Bürgers, der sich seiner Lebensleistungen bewusst ist, was ihn letztlich allein schon deshalb davon abhalten wird, sich massiven Einschränkungen seiner Freiheit widerstandslos zu beugen. Hinzu kommt dann noch, dass der Staat (unabhängig davon, wer die Regierung bildet) zwischendurch immer einmal wieder seine Besorgnis um diese gesellschaftliche Schicht zum Ausdruck bringen muss, spätestens dann, wenn es um

Steuereinnahmen geht. Es ist eben bekanntlich ein Unterschied, ob Bettler, Landstreicher oder einige noch verbliebene Intellektuelle sowie aufklärerisch begabte Wissenschaftler um die Wahrheit bemüht sind und dieses auch lautstark verkünden, oder Kritik aus der Mitte einer Bürgerschaft erwächst, auf die ein Staat (zumindest noch) angewiesen ist.

Besonderen Nährboden erfährt der „Mut zur Bürgerlichkeit" dann aber noch dadurch, dass die zeitgeistigen (zumeist links-grünen) Feinde der parlamentarischen Demokratie nun auch noch das Heiligtum des Bürgers, nämlich die Familie, diskreditieren und infrage stellen, wobei zudem noch die Abstammung des Menschen gänzlich aus dem Blickfeld verschwinden soll. Hier erweisen sich die Feinde jeglicher Natur eines Menschen einen Bärendienst. Denn wenn der freie Bürger nichts mehr zu verteidigen hätte, aber seine Familie ganz sicher! Und gerade jede/jeder Muslima/Muslim würde das um beinah jeden Preis auch tun! Dass sich deren (zweifellos aufklärungsfernen) Religionsvertreter offiziell nicht schon jetzt gegen den Genderwahn gestellt haben, liegt einzig und allein daran, dass sie grundsätzlich nur Gläubige und Ungläubige kennen, d.h., sie differenzieren bei den aus ihrer Sicht Ungläubigen nicht (mehr). Bei allen mehr oder weniger großen Differenzen zwischen den monotheistischen Religionen zeigt die allseits große Bedeutung der Familie allerdings wieder einmal die wundersame Wirkung eines gemeinsamen Feindes, dessen Ideologie natürlich umso erfolgreicher ist, je mehr und je schneller es gelingt, die Familie und ihren Einfluss auf die Gesellschaft zurückzudrängen, in deren Geborgenheit es besonders gut gelingen kann, eine Persönlichkeit sich entwickeln zu lassen, die über weite Strecken ihres Lebens (noch) mit sich identisch bleibt, ganz abgesehen davon, dass nicht wenige Familien (noch immer!) einen unermesslichen Beitrag für die menschliche Gemeinschaft leisten, indem sie sich kranken und älteren Mitgliedern ihrer Gemeinschaft moralisch verpflichtet fühlen und deren Aufenthaltszeit in einer sozialen Einrichtung, auf der Grundlage häuslicher Pflege, zumindest reduzieren.

Spätestens hier, wenn man es wie Lichtenberg nicht schon vorher wusste, entsteht ein grundsätzlich gemeinsames Bewusstsein von Aufklärung und christlicher Religion, die sich nicht nur einem gemeinsamen Feind ausgesetzt sehen, sondern gemeinsam für Freiheit und Wahrhaftigkeit eintreten und, um mit Lichtenberg zu sprechen, für „mehr Licht". „Mein Gott, was hilft aber alles Licht, wenn die Leute entweder keine Augen haben, oder die, die sie haben, vorsätzlich verschließen?"[233] Für diesen (alten weißen) großen Deutschen schließen sich Religion und Aufklärung nicht notwendigerweise aus. Er wendet sich gegen religiösen Aberglauben ebenso wie gegen den (Aber-)Glauben an die Wissenschaft. Ihm war auch stets wichtig, dass Gott nicht zum Gespött werden würde, indem man ihm publikumswirksam ein allzu menschliches Antlitz gab. „Aber beurteile Gottes Welt nicht nach der deinigen!"[234] Im Sinne seines Leitspruchs „weder leugnen, noch glauben" verbindet die Aufklärung mit der christlichen Religion neben vielem anderen in erster Linie die unumstößliche Überzeugung, dass kein Mensch das Recht hat (erhalten darf!), sich, im Besitz einer absoluten Wahrheit wähnend, in eine gottähnliche Position zu erheben oder auch erheben zu lassen! „Ihr werdet sein wie Gott und wissen, was gut und böse ist"[235], sagte die Schlange zu Eva!

Wenn Nobert Bolz nun jedoch die „Freunde der Wahrheit" in Verbindung mit „Freimut und Redlichkeit, Leidenschaft und Enthusiasmus" beinah ausschließlich auf die „Freiheit des Alters" reduziert[236], weil hier ein großes Maß an Unabhängigkeit vorliege, so

---

[233] Giesz (1990), S. 132

[234] Ebd., S. 140

[235] Die Bibel (1978), S. 21 (AT)

[236] Vgl. Bolz (2023), S. 123 f.

ist das entschieden zu pessimistisch. Denn es werden längst nicht nur Ältere sein, die sich genderbasierten Vorgaben und Erpressungsversuchen aller Art nicht wenigstens ignorierend entgegenstellen, zumal allein schon jede Familie, die von jungen Leuten gegründet wird, den Relativisten und Feinden des Diskurses zuwider ist! Und diese Damen und Herren können sich gegenseitig beruhigen, weil einigermaßen sicher angenommen werden kann, dass Heiraten (auch aus Gründen der Sicherheit) wieder zunehmen wird und junge Menschen sich öfter das Jawort geben mit der wahrhaftigen Absicht, sich treu bleiben zu wollen. Jedes Kind, das in diesen Familien zur Welt kommt sowie 'Mama' und 'Papa' sagt und sich diese beiden später auch nicht durch 'Eltern 1'/'Eltern2' entreißen lassen wird, ist den Relativisten ein Dorn im Auge. Nicht auszudenken, wenn sich dann auch noch die Mutter zunächst (zumindest in den ersten beiden Lebensjahren des Kindes) vornehmlich um den Sohn oder die Tochter, ganz im Sinne von A. Miller, kümmern wird, indem sie eine keineswegs unmittelbar messbare (aus dem Herzen kommende) große Geborgenheit bietet, ohne dabei über ihre dabei geleistete Zeit nachzudenken. So ermöglicht es die Familie dem Kind, „eine Persönlichkeit auszubilden und einen Bestand an Werthaltungen zu fragloser Selbstverständlichkeit einzuverseelen."[237] Man stelle sich außerdem noch vor, dem Kind wird dann schon bald von den Eltern (ggf. auch Oma oder Opa) beinah täglich vorgelesen, um danach vielleicht noch über das Vorgelesene zu sprechen, während es parallel zur Kindestagesstätte/Vorschule unter klaren Strukturen, aber ohne Druck aufwächst. Es würde Toleranz gegenüber jedermann gelehrt und gelebt und der Sprössling fühlte sich jederzeit ernst genommen und als echter Partner dürfte er schon bald über alles Mögliche ungefragt mitreden und ebenso sich zurückziehen, wann immer ihm danach ist. Und wäre es dann wohl ein besonderes Aufbegehren nicht nur der Bürgerlichkeit, sondern eines unaufhörlich 'hörenden

---

[237] Bolz (2023), S. 101

Herzens' gegen das taube Herz diskursfeindlicher Relativisten, wenn dieses Kind sozusagen als Krönung auch noch zuhause internalisiert hätte: *Was du nicht willst, dass man dir tu, das füg' auch keinem andern zu* (vergl. hierzu auch Lukas[238]).

Davon und von genetisch bedingten 'Härtefällen' einmal abgesehen, sind es vorwiegend Kinder mit der hier kurz skizzierten oder einer ähnlichen Primärsozialisation und den entsprechend glänzenden Voraussetzungen, die dann in der Grundschule, ohne es zu wissen, auf die katastrophalen Zustände in unserem modernen Schulsystem aufmerksam machen, weil sie die große Diskrepanz zu anderen aufzeigen und darüber aufklären, wie es eigentlich sein sollte und auch weitgehend sein könnte. Dagegen wäre es einem Schulsystem der systematisch betriebenen Gleichmacherei, das sich vom Leistungsgedanken (gerade des hier beschriebenen Mittelstandes) weitgehend versucht zu befreien und mehr und mehr einer Unbildung zuwendet, tatsächlich sicher lieber, wenn es die Erstklässler mit 'erstklassiger' Vorbildung gar nicht gäbe. Denn 'Bildung für alle' meint ja, mit Ausnahme einiger Gymnasien oder Privatschulen, in Wirklichkeit beinah alles Mögliche, was außer Bildung in einer Schule so alles vermittelt werden kann, auf einem Niveau, das zudem immer weiter sinken *muss*, wenn man sich dem ideologisch gebundenen Primat der Gleichheit aller nicht (mehr) zu entziehen vermag. So war es natürlich auch längst überfällig, die bisherige (allzu sportliche) Form der Bundesjugendspiele abzuschaffen!

Abgesehen von dieser gnadenlosen Vergeudung menschlicher Ressourcen würden sich die Relativisten auch dahingehend beruhigen können, wenn sie wüssten, dass sich diese Kinder und später Heranwachsenden mit ihren hauptsächlich familiär begründeten (sowohl kognitiven als auch emotionalen)

---

[238] Die Bibel (1978), S. 69 (NT)

Vorkenntnissen in den meisten Fällen so oder so (relativ unabhängig von ihren Lehrerinnen) zu gebildeten Menschen entwickeln werden, die aufklärerischen Gedanken jederzeit zugänglich sind, denn sie haben in des Wortes zweifacher Bedeutung von Hause aus mehr oder weniger gelernt, christlich-wahrhaftig und dem besseren Argument zugänglich zu sein! Was für ein großartiger Beitrag zur grundsätzlich liberalen Idee der Aufklärung, zur Freiheit des Christenmenschen und der parlamentarischen Demokratie, ohne dass es der „Tapferkeit des Bürgers" bedürfte! „Darum vor allem lohnt sich (nicht zuletzt auch für Christen d. Verf.) das Einstehen für eine freiheitlich-demokratische Ordnung, die mit gegenseitiger Kontrolle und Gewaltenteilung (…) der Korruption und der Allzuständigkeit wehrt"[239], wobei es nicht von Schaden wäre, wenn das christliche Gewissen hier sogar eine Pflicht erkennen würde!

Unter diesen Voraussetzungen ist zumindest gemäßigt Optimismus geboten, denn die zurzeit allzu gern Macht vermittelnden Eliten, die keine (mehr) sind und offenbar glauben, sich mehr und mehr einer transhumanistisch orientierten 'höchstintelligenten' KI in Form von Überwachungssystemen (u.a.) verschreiben zu müssen, werden sich an der Natur des freien Menschen, den es ja in der Genderideologie gar nicht gibt, noch lange Zeit die Zähne ausbeißen (müssen)!

Und es bleibt in jedem Fall die berechtigte Hoffnung, dass von Hause aus aufklärerisch ausgerichtete Menschen, auch wenn sie vielleicht von Kant oder Lichtenberg noch nie etwas gehört haben, weiterhin (oder vielleicht sogar von Neuem) in der Lage sein werden, eindeutig und gezielt zu unterscheiden zwischen radikalen (ideologisch dominierten) Anhängern einer Ersatzreligion, die alles 'wissen', und jederzeit diskusbereiten Menschen, die wissen, dass sie nichts wissen!

---

[239] Felber (2021), S. 211

ÜBER DEN AUTOR

Ernst Jantzen, geboren im Jahr 1948, stammt aus Bad Essen bei Osnabrück. Für sein Studium der Wirtschaftspädagogik und Germanistik zog er 1972 als junger Erwachsener nach West-Berlin. Dort war er im Anschluss an sein Referendariat am Lessing-Gymnasium sowie der 2. Oberschule Schöneberg am OSZ in Berlin-Steglitz tätig und lehrte ab 1981 als Wissenschaftlicher Assistent und Dozent für Wirtschaftspädagogik und Erwachsenenbildung am Fachbereich 12 der Freien Universität in Berlin. Aus familiären Gründen wechselte er zwischenzeitlich an die BBS in Melle, während er danach zunächst als Studienleiter und später noch als freier Mitarbeiter am allgemeinbildenden Institut des Fernstudienzentrums in Hamburg beschäftigt war.

Jantzen tritt regelmäßig an kleinen Theatern und Einrichtungen wie Altenheimen oder Schulen als Märchenerzähler auf. Ein anderes Programm umfasst im Schwerpunkt Texte von W. Borchert, B. Brecht und K. Tucholsky. Ein weiteres bilden Liebesgedichte (größtenteils eigene) und -geschichten, die sämtlichst nicht gelesen, sondern frei vorgetragen werden.

Zahlreiche Gedichte sind inzwischen in verschiedenen Verlagen erschienen; ihre Thematik kommt u.a. auch in dem Programm „Vom Frieden über die Liebe bis Weihnachten“ zum Ausdruck.
In Sachen „Politische Lyrik“ war ein Höhepunkt, als Jantzen auf einer Veranstaltung in Berlin anlässlich des 70. Jahrestages der Befreiung von Auschwitz unter dem Motto „Du sollst kein unbeteiligter Zuschauer sein“ seine ausgewählten Gedichte „Schienen“ und „Wert eines Menschen“ vortrug.

2020 veröffentlichte Jantzen im Selbstverlag seinen Roman „Fortschritt nach dem Gleichschritt“.

LITERATUR

Adorno, Theodor W. (1982): Erziehung zur Mündigkeit, 8. Auflage, Frankfurt am Main, suhrkamp Verlag.

Aurin, Kurt (1991): Gute Schulen – Worauf beruht ihre Wirksamkeit?, Bad Heilbrunn, Verlag Julius Klinkhardt.

Bernfeld, Siegfried (1967): Sisyphos oder die Grenzen der Erziehung, Frankfurt am Main, suhrkamp Verlag.

Bolz, Norbert (2023): Der alte weiße Mann, München, Langen Müller Verlag GmbH.

Borchert, Wolfgang (2001): Das Gesamtwerk, 3. Auflage, Reinbek bei Hamburg, Rowohlt Taschenbuch Verlag GmbH.

Brecht, Bertolt (1964): Gedichte, Bd. 7, Suhrkamp, Frankfurt.

Bruder, Klaus-Jürgen u.a. (1976): kritik der pädagogischen psychologie, Hamburg, Rowohlt Taschenbuch Verlag GmbH.

Capra, Fritjof (ca. 1985): Wendezeit, ohne Verlagsangaben.

Bichsel, Peter (1997): Der Leser. Das Erzählen, Suhrkamp, Frankfurt.

Die Bibel (1978): Nach der Übersetzung Martin Luthers, Stuttgart, Deutsche Bibelstiftung Stuttgart.

Dietrich, Theo (1982): Die pädagogische Bewegung vom Kinde aus, 4. Auflage, Bad Heilbrunn, Verlag Julius Klinkhardt.

Dietrich, Theo (1991): Die Pädagogik Peter Petersens, Bad Heilbrunn, Verlag Julius Klinkhardt.

Döbert, Rainer & Nunner-Winkler, Gertrud (1975): Adoleszenzkrise und Identitätsbildung, Frankfurt am Main, suhrkamp Verlag.

Ebert, Vince (2022): Lichtblick statt Blackout, München, dtv Verlagsgesellschaft mbH.

Ernst, Hans (1993): Humanistische Schulpädagogik, Bad Heilbrunn, Verlag Julius Klinkhardt.

Eschenburg, Theodor (1965): Meinungsfreiheit, München, R. Piper Verlag.

Felber, Stefan (2021): Kein König außer dem Kaiser?, 2. Auflage, Neuendettelsau, Freimund-Verlag.

Finger-Trescher, Urte & Krebs, Heinz (2003): Bindungsstörungen und Entwicklungschancen, Gießen, Psychosozial-Verlag.

Finkielkraut, Alain (2023): Vom Ende der Literatur, München, Langen Müller Verlag GmbH.

Frei, Norbert (2021): Hitlers Eliten nach 1945, 12. Auflage, Frankfurt am Main, Campus Verlag GmbH.

Freud, Sigmund (1970): Abriß der Psychoanalyse – Das Unbehagen in der Kultur, Frankfurt am Main, Fischer Verlag.

Fromm, Erich (1978): Die Flucht vor der Freiheit, 10. Auflage, Frankfurt am Main, Europäische Verlagsanstalt.

Furth, Hans G. (1973): Piaget, Düsseldorf, Verlag Schwann.

Graupe, Silja & Krautz, Jochen: Anpassung an eine Scheinwelt, in: Frankfurter Allgemeine Zeitung, Nr. 284, 06.12.2013, https://fazarchiv.faz.net/faz-portal/document?uid=FAZ__FD1201312064100472 (abgerufen am 03.06.2023)

Giesz, Ludwig (1990): Philosophische Spaziergänge, Stuttgart, J.B. Metzlersche Verlagsbuchhandlung und Carl Ernst Poeschel Verlag GmbH.

Glaser, H. Lehmann, J. & Lubos, A. (1984): Wege der deutschen Literatur, Berlin, Ullstein Verlag.

Göppel, Rolf (2010): Pädagogik und Zeitgeist, Stuttgart, W. Kohlhammer.

Habermas, Jürgen (2001): Zeit der Übergänge – Kleine Politische Schriften IX, Frankfurt am Main, suhrkamp Verlag.

Habermas, Jürgen & Luhmann, Niklas (1971): Theorie der Gesellschaft oder Sozialtechnologie, Frankfurt am Main, suhrkamp Verlag.

Habermas, Jürgen (1974): Zwei Reden, Frankfurt am Main, suhrkamp Verlag.

Habermas, Jürgen (1976): Zur Rekonstruktion des Historischen Materialismus, Frankfurt am Main, suhrkamp Verlag.

Hahne, Peter (2011): Nur die Wahrheit zählt, 3. Auflage, Friesenheim-Schuttern, mediaKern GmbH.

Hahne, Peter (2022): Das Maß ist voll, Köln, Bastei Lübbe AG.

Hepp, Michael (2017): Kurt Tucholsky, 6. Auflage, Reinbek bei Hamburg, Rowohlt Taschenbuch Verlag.

Hofmann, Werner (1970): Abschied vom Bürgertum – Essays und Reden, Frankfurt am Main, suhrkamp Verlag.

Hogrefe, C. J. (1972): Handbuch der Psychologie in 12 Bänden (7. Band: Sozialpsychologie), Göttingen, Verlag für Psychologie.

Huisken, Freerk (1973): Zur Kritik der bürgerlichen Didaktik und Bildungsökonomie, München, List Verlag.

Jantzen, Ernst (2020): Fortschritt nach dem Gleichschritt, Bad Essen, Selbstverlag.

Jaspers, Karl (1955): Vom Ursprung und Ziel der Geschichte, Erstausgabe, München, R. Piper & Co. Verlag.

Kelle, Birgit (2020): GENDER GAGA, München, FinanzBuch Verlag.

Kemfert, Claudia (2023): SCHOCKWELLEN, Frankfurt am Main, Campus Verlag GmbH.

Killy, Walther (1981): Ein deutsches Lesebuch: Band 1: Auf dem Wege zur Klassik, Darmstadt, Hermann Luchterhand Verlag GmbH.

Killy, Walther (1981): Ein deutsches Lesebuch: Band 3: Auf dem Wege zur Klassik, Darmstadt, Hermann Luchterhand Verlag GmbH.

Klingberg, Lothar (1984): Einführung in die Allgemeine Didaktik, 6. Auflage, Berlin, Volk und Wissen Volkseigener Verlag Berlin.

Knigge, Volkhard & Baumann Imanuel (2008): „… mitten im deutschen Volke“, Göttingen, Wallstein Verlag.

Lasch, Christopher (1980): Das Zeitalter des Narzissmus, München, Verlag Steinhausen GmbH.

Lempert, Wolfgang (1974): Berufliche Bildung als Beitrag zur gesellschaftlichen Demokratisierung, Frankfurt am Main, suhrkamp Verlag.

Lenk, Kurt (1972): Ideologie, 6. Auflage, Darmstadt, Hermann Luchterhand Verlag.

Lennox, John (2022): 2084 – Künstliche Intelligenz und die Zukunft der Menschheit, 2. Auflage, Holzgerlingen, SCM Verlagsgruppe GmbH.

Lessing, Doris (1982): Das goldene Notizbuch, Frankfurt am Main, Fischer Verlag.

Liessmann, Konrad Paul (2010): Theorie der Unbildung, 4. Auflage, München, Piper Verlag GmbH.

Lohmann, Christa & Prose, Friedemann (1975): Organisation und Interaktion in der Schule, Köln, Verlag Kiepenheuer & Witsch.

Löwe, Hans (1977): Einführung in die Lernpsychologie, 8. Auflage, Berlin, VEB Deutscher Verlag der Wissenschaften.

Maier, Michael: China zu Baerbock: „Wir brauchen keine Lehrmeister aus dem Westen", in: Berliner Zeitung, 14.04.2023, https://www.berliner-zeitung.de/wirtschaft-verantwortung/china-zu-baerbock-wir-brauchen-keine-lehrmeister-aus-dem-westen-li.338205 (abgerufen am 04.06.2023)

Miller, Alice (1981): Am Anfang war Erziehung, Frankfurt am Main, suhrkamp Verlag.

Miller, Alice (1988): Das verbannte Wissen, Frankfurt am Main, suhrkamp Verlag.

Otto, Bernhold (1963): Ausgewählte pädagogische Schriften, Paderborn, Ferdinand Schöningh Verlag.

Planck, Max (1941): Religion und Naturwissenschaft, 8. Auflage, Leipzig, Johann Ambrosius Verlag.

Precht, Richard David & Welzer, Harald (2022): DIE VIERTE GEWALT, Frankfurt am Main, Fischer Verlag GmbH.

Rilla, Paul (1956): Gotthold Ephraim Lesssing: Gesammelte Werke in zehn Bänden (Band VIII), Berlin, Aufbau-Verlag.

Rosa, Hartmut (2022): Demokratie braucht Religion, 5. Auflage, München, Kösel-Verlag.

Roth, Heinrich & Blumenthal Alfred (1980): Grundlegende Aufsätze aus der Zeitschrift Die Deutsche Schule, Hannover, Schroedel Verlag.

Röhr, Ulrike, Alber, Gotelind & Göldner, Lisa (2018): Gendergerechtigkeit als Beitrag zu einer erfolgreichen Klimapolitik, Dessau-Rößlau, Umweltbundesamt

Sarrazin, Thilo (2022): Die Vernunft und ihre Feinde, München, Langen Müller Verlag GmbH.

Schanz, Heinrich (1982): Berufspädagogische Grundprobleme, Stuttgart, Holland & Josenhans Verlag.

Schiller, Friedrich (1965): Über die ästhetische Erziehung des Menschen, Stuttgart, Philipp Reclam Jun Verlag GmbH.

Schmid, Carlo (1961): Politik und Geist, Stuttgart, E. Klett Verlag.

Schmidt-Rogge, Carl H. (1969): Dein Kind – Dein Partner, München, Paul List Verlag.

Schmiederer, Rolf (1977): Politische Bildung im Interesse der Schüler, Hannover, Niedersächsische Landeszentrale für Politische Bildung.

Scholdt, Günter (2022): Reden wir über Postdemokratie, Graz, Freilich Verlag.

Schröder, Wolfgang (1978): Adolph Diesterweg, Frankfurt am Main, Verlag Moritz Diesterweg.

Spieker, Manfred (2016): Gender-Mainstreaming in Deutschland, 2. Auflage, Paderborn, Ferdinand Schöningh Verlag.

Spitzer, Manfred (2022): Wie Kinder Denken lernen, 3. Auflage, München, mvg Verlag.

Stier, Hans E. (1945): Grundlagen und Sinn der griechischen Geschichte, Stuttgart, Cotta Verlag.

Thunberg, Greta (2022): DAS KLIMA BUCH, Frankfurt am Main, S. Fischer Verlag.

Tomberg, Friedrich (1973): Polis und Nationalstaat, Darmstadt, Hermann Luchterhand Verlag.

Tschernokosowa, Walentina & Tschernokosow, Iwan (1977): Das Berufsethos des Lehrers, Berlin, Volk und Wissen Volkseigener Verlag Berlin.

Ulich, Dieter (1982): Das Gefühl, München, Urban & Schwarzenberg Verlag.

Ulshöfer, Robert (1972): Sprache und Gesellschaft 1, Dortmund, Crüwell-Konkordia Verlag.

Wagenschein, Martin (1982): Verstehen lehren, 7. Auflage, Weinheim, Beltz Verlag.

Wagner, Gerald: Löschen und Lesen, in: Frankfurter Allgemeine Zeitung, 12.01.2019, https://www.faz.net/aktuell/karriere-hochschule/soziologie-geringe-diversitaet-bei-der-feuerwehr-15977480.html (abgerufen am 04.06.2023)

Wagner, Jens-Christian (2014): Konzentrationslager Mittelbau-Dora 1943-1945, 3. Auflage, Göttingen, Wallstein Verlag.

Weidenmann, Bernd (1983): Lehrerangst, München, Verlag Ehrenwirth

Weinrich, Harald (1966): Linguistik der Lüge, Heidelberg, Lambert Schneider Verlag.

Weischedel, Wilhelm (1964): Immanuel Kant: Werke in sechs Bänden (Band I-VI), Frankfurt am Main, Insel Verlag.

Winterhoff, Michael (2021): Deutschland verdummt, München, Penguin Verlagsgruppe.

Printed in Poland
by Amazon Fulfillment
Poland Sp. z o.o., Wrocław
30 March 2024

87cef5fd-081d-453e-83d1-b0f90d12b166R01